U0122516

三易新論

陳袾通題

三易新論總目

三易新論

1

易學經典文庫

以上凡三卷共十有八章。

第十八章　制器尚象索隱

此書寫成於一九五八年至一九六四年間，一九六〇年上卷油印萁治易者匡正之，余亦自勘反覆訂誤隨時補闕凡一章之成竟修改四五次者，一九六四年續印中下二卷，上卷鈔寫多誤，今又重印之，廣徵高見以補正余書之闕譌庶成定稿也，易義深遠真窺涯涘疏陋之咎，無可自掩年近九十衰斷難免，校寫既竟復記於后。

一九六五年二月沈祖緜紱民識於蘇州時年八十有八。

易學經典文庫

三易新論初稿上中下三卷都十有八章易為卜筮未經秦火傳者不絕周禮春官宗伯太卜掌三易之
法一曰玉兆二曰瓦兆三曰原兆其經兆之體皆有百二十其頌皆千有二百掌三易之法一曰連山二
曰歸藏三曰周易其經卦皆八其別皆六十四由此觀之周代端策拂龜卜筮兼施三兆三易卜官所守
其法各異易又各有三家疑卜官掌三易初未嘗專重周易而與連山歸藏並用自儒家翼易獨崇
周易列為六經之一於是連山歸藏遂亡今考連山歸藏之組織尚可用消息之規律以推求之而其繇
辭疑卜官隨筮造辭與殷墟卜辭雷同班志所列古雜易桓譚之所見殆皆繇辭耳今亦佚亡世所徵引
疑多偽辭較連山歸藏隨筮造辭已有所進矣二易繇辭既偽與規律格格不入故置而不論至於周易始
卦爻定辭今詳究二易之組織求其規律而二易繇辭之始必去重複今本周易三十
八卷列於數術署左氏春秋引周易亦與今本不同此其明證周易既卦爻定辭理尚變通優於連山歸
藏更以儒家翼易病於高極遠无所不包卜筮載籍進列六藝之首已非卜筮家所能夢守矣其後傳之者
眾各以聞見相授受漢人家法蓁嚴競言訓詁不尚易之組織雖京房之世位虞翻之挨爻總未能盡其

奧。繼有漢宋之爭駁論圖象相視如仇。清代諸家董理訂詁卓然可觀然墨守雅言昧於會通近人批判

詳證勝於前修然各抒所見莫莫能定若夫博識多聞辨是與非其來者之賢乎易理艱與異說紛紜宜

博采諸說不囿一家詳究漢宋掃除門戶乃能比較批判發其精蘊要其糟粕也有以八卦不見於卜辭

疑八卦為晚出殊不知卜筮不相襲卜辭亦有占曰云可證殷時間用占筮當以八卦為筮八卦始

為占筮之法猶卜兆之有貞法亦不見於卜辭或仍據胡渭之說辨河圖洛書為宋人邵雍劉牧所偽。

殊不知班志載易有圖一隋志載易類之圖至繁皆在邵劉之前且易卦組織嚴密漢隋之圖雖佚未經

秦火卦爻具在猶可推演寧謂定論癖以為未允諸如此類輒加臆斷年逾八十記憶已衰舉甲漏乙在

所難免舊見所囿探賾索隱辨之惟艱欣茲百家爭鳴之際不自量力費其餘勇會萃漢宋載籍諸家考

說比較研治疏通明證法依故度間作新規願掬一得之愚效野人之獻曝云爾。

公元一九六四年十二月沈祖緜民識於蘇州時年八十有七。

2

三易新論　上卷

　　沈祖緜　應民學

第一章　三易考原

　一　三易之名稱

三易之名。始見於周禮宗伯太卜其言曰。

太卜掌三易之法一曰連山二曰歸藏三曰周易其經卦皆八其別皆六十有四。

周禮宗伯簭人亦曰。

簭人掌三易以辨九簭之名一曰連山二曰歸藏三曰周易。

周禮舉三易凡兩見鄭玄周禮宗伯太卜注曰。

易者揲蓍變易之數可占者也名曰連山似山出內氣也歸藏者萬物莫不歸而藏於中。

鄭注又曰。

三易卦別之數亦同其名占異也每卦八別者重之數。

　　三易之名占異也每卦八別者重之數。

按繫辭易有君子之道四焉鄭此注是釋太卜故以卜筮者尚其占立說不舉其他三項是依文據義。

漢時經生家法如是不必涉其他三項顧炎武日知錄卷一三易曰。

三易新論

夫子言包羲氏始畫八卦不言作易而曰易之興也其於中古乎又曰易之興也其當殷之末世周之盛德邪當文王與紂之事邪是文王所作之辭始名為易而周官太卜掌三易之法一曰連山二曰歸藏三曰周易連山歸藏非易也而云三易者後人因易之名以名之也猶之墨子書言周之春秋燕之春秋宋齊之春秋齊之春秋周燕宋齊之史非必皆春秋也而云春秋者因魯史之名以名之也。

顧炎武之前郭雍已云夏易曰連山商易曰歸藏而不名曰夏商易者時尚無易之名也若三易之名始自周之太卜左傳所載之筮有以周易筮之者有不言周易筮之者當時尚以三易為筮與周禮太卜所掌相符可證也。

或以三易雖見於周禮而不見漢書藝文志載錄為疑考漢書藝文志六藝略易類載有。

古雜八十篇。

全祖望讀易別錄以為古雜易八十篇雜災異三十五篇神輸五篇之類皆通說陰陽災異及占驗之屬。漢志誤入經部全說非是姚振宗漢書藝文志條理已辨之以古雜與雜災異神輸為三家不當混淆沈欽韓漢書疏證曰。

此即乾鑿度稽覽圖之類。後書張衡歷言尚書詩春秋讖之謬妄而不及易則易說為古書也又乾

坤鑿度炎帝黃帝有易靈緯太卜掌三易之法一曰連山二曰歸藏杜子春云連山宓戲歸藏黃帝

禮運注殷陰陽之書其書存者有歸藏據鄭注則漢時二易尚存其一也隋志云漢初已亡蓋見志

無其目云古雜者蓋年代汗漫雖有其書莫究其用亦未知定周太卜所掌與否故存疑云爾或雜

說古帝王卜筮之事如汲郡師春但取左傳卜筮事為書耳說施鹽鐵論引易皆本經所無亦古雜

之篇也

沈說博而不專未能辨古與雜之別所謂古乃周易以前之易如連山歸藏所謂雜乃周易以後說易之

書或與周易有異義或舉易之一事如乾鑿度稽覽圖等是至易說之名稱蓋漢禁讖緯之說凡易緯改

易說書續改書說詩緯說之類見禮記禮弓疏漢志易類概以古雜八十篇包括之則連山歸藏定

在八十篇之內蓋古雜名目浩繁故班固不備舉但言其總數禮記禮運篇曰吾得坤乾馬鄭玄注得殷

陰陽之書也其書存者有歸藏可證歸藏在鄭玄時猶有存者隋志所謂歸藏已亡馬國翰以為漢書藝

文志不著錄卷序又見歸藏輯本一卷序不知在漢志易類古雜八十篇之中也

二、連山歸藏名義考

連山之名義鄭玄注周禮宗伯太卜曰。

連山似山出內氣也。淳于俊據此，此下加遲連天地也句。

皇甫謐帝王世紀曰。

夏人因炎帝曰連山。連山易其卦以純艮為首艮為山山上山下是名連山雲氣出內於山夏以十三月為正人統艮漸正月故以艮為首。

朱震漢上易叢說曰。

連山首艮者八風始於不周實居西北之方七宿之次是為東壁營室於辰為亥於律為應鍾於時為立冬此顓帝之歷所以首十月也。

邵雍皇極經世曰。

夏以建寅之月為正月謂之人統易曰連山以艮為首艮者人也。

按鄭皇甫邵諸說皆非後儒兩有增益淡失之義鄭玄之似山出內氣說陸佃以為非是殊有卓見於連山首艮之說更在鄭玄下矣因說卦傳艮為山附會連山之山即由此而來其謂一又誤解說卦傳萬物之所成終而所成始也故曰成言乎艮以成始二字為首其謂二由坤逆數至艮艮在坤上遂以艮為首其謂三又以周易首乾歸藏首坤兩書有首連山不可無首乃以坤前一卦艮為之其謂四首乾首坤首艮之說舉經所無易緯亦未及有之自皇甫謐始而劉歆邵朱震蔡元定附和之實非理之正因首

4

艮之說無理可推以理度之乾為純陽坤為純陰六十四卦立成圖從左至右順讀之則乾為首從右至

左逆讀之則坤為首而右讀究屬不順說卦傳所謂乾為首此據近取諸身立說而已據此說卦傳以坤

為腹艮為手則首坤首艮之說悖矣然則連山之義當以卦畫之組織求之連山之卦為歸藏加六畫之

數一卦變六十四卦即六十四自乘得四千九十六卦如連山之狀故云連山桓譚新論謂連山八萬言

歸藏四千三百言桓譚似據連山歸藏之繇辭言。

至於歸藏之名義鄭玄周禮宗伯太卜注曰

　歸藏者萬物莫不歸而藏於其中淳于俊說同。

孔穎達周易正義曰

　此歸藏易以純坤為首坤為地萬物莫不歸而藏於其中

賈公彥周官正義曰

　孔子曰吾得坤乾焉殷易以坤為首故先坤後乾。

賈公彥又曰

　殷以十二月為正地統故以坤為首。

鄭玄以歸藏為一義非是孔穎達據禮記禮運篇孔子語證歸藏以坤為首梁蕭繹金樓子立言篇亦據

禮運篇文兼引左傳定四年正義引鄭玄注為解更覺泛泛至於三統立說，更是後起之義，考說卦傳曰：

坤以藏之

藏涵坤義歸藏者由乾歸于坤之義也。與橫圖之次序相合歸藏由乾至坤或謂乾歸于坤以一陽一陰順敘之則乾為首以一陰一陽逆敘之則坤為首此亦非的解蓋拘執繫辭一陰一陽之謂道所致。

總之連山歸藏之義當據橫圖之次序求之乃得確解。

三、三易之次序

周禮載太卜筮人掌三易其次序為一曰連山二曰歸藏三曰周易於是杜子春以為連山宓戲歸藏黃帝孔穎達以為連山起於神農鄭雜以為夏易曰連山商易曰歸藏眾說紛紜要之連山歸藏之筮法較周易為先似無疑義周禮以占筮時代之先後為序而三易成卦之時代又與周禮異至連山歸藏孰先孰後以成因證之連山後於歸藏可無疑義因連山非由歸藏之方根萬不能立成疇人子弟類能知之而太卜以一曰連山二曰歸藏先後適相反蓋此言一曰二曰者是就尚占筮時代而言非言連山成卦在前故歸藏在後否則不獨失算數之根而三易之理亦不能一貫此言一二兩字夏以連山為占夏在商前故曰一商以歸藏為占商在周先故曰二一二三是言朝代尚占之次第非言造作之先後至文王之

易曰周易別有組織演法較歸藏為複雜既非歸藏又非連山在周易序卦中是有一定之規律。

四. 連山歸藏主不變說

乾鑿度卷上曰。

易一陰一陽合而為十五之謂道陽變七之九陰變八之六亦合于十五則象變之數若之一也。

鄭玄注曰

九六爻之變動者繫曰爻効天下之動也然則連山歸藏占象本其質性也 卦本占象非周易占變者

効其流動也象者斷此 作占象非周易占變者

鄭說如是連山歸藏本其質性主不變論繫辭原文一陰一陽之謂道乾鑿度加十五兩字則非連山又

非歸藏又非周易乃九宮一算之術鄭說失之惟連山歸藏程迥周易古占法主尚變其言曰

連山歸藏宜與周易數同而其辭異先儒謂周易以變者占非也連山歸藏以不變者占亦非也

此程迥之失言連山與歸藏為一層加一層以一陽一陰之加一倍數不出尚變重卦出於何人累說紛

歧令以周禮及鄭玄注證之是三易皆重卦可無疑義惟何人始創殆不可考惟重卦固有定例不能出

於偽飾亦不能出於虛妄。

五、連山歸藏舊說舉證

馬國翰輯連山歸藏引山海經曰。王函山房
叢書首本。

伏羲氏得河圖夏后因之曰連山黃帝得河圖商人因之曰歸藏。

今本山海經無此語學者咸疑之其說見朱震周易卦圖河圖說上卷及漢上易叢說。

連山歸藏漢時未立學官故治之者殊少罕有言及此二書尚在篇籍可見者除鄭玄之說外尚有杜子

春注引王充桓譚諸家周禮宗伯太卜鄭玄注引杜子春曰

連山宓戲歸藏黃帝。

杜說何所據已無法為證矣王充論衡謝短篇卷十二

先問易家易本何所起造作之者為誰彼將應曰伏羲作八卦文王演為六十四孔子作象繫辭。

三聖重葉易乃具足問之曰易有三家一曰連山二曰歸藏三曰周易伏羲所作文王所造連山乎。

歸藏周易也。祖縣桌句有脫字文不順秦燔五經易何以得脫漢興羲年而復立宣帝之時河內女子壞老屋得

易一篇名為何易此時易具足未。

又正說篇。二十八卷。

說易者皆謂伏羲作八卦文王演為六十四夫聖王起河出圖洛出書伏羲王河圖從河水中出易

卦是也禹之時得洛書書從洛水中出洪範九章是也故伏羲以卦治天下禹案洪水古

烈山氏之王得河圖夏后因之曰連山烈山氏之王得河圖歸藏伏羲氏之王得河圖

周人曰周易其經卦皆六十四文王周公因象十八章究六爻世之傳說易者正伏羲作八卦不實

其本則謂伏羲真作八卦也伏羲得八卦非作之文王得成六十四非演之也演作之言生於俗傳

苟信一文使夫真是幾滅不存既不知易之為河圖又不知易也或時連山歸藏或時

周易案禮夏殷同三家相損益之制較著不同如以周家在後論今為周易則禮亦宜為周禮六典

不與今禮相應令禮未必為周則亦疑令易未必為周也案左邱明之傳引周家以卦與令易相應

殆周易也。

王充正說篇首段文字與班固漢書五行志同充師事班彪得其餘緒連山歸藏出于河圖淪為不刊之

論不過成因亦未說明至歸藏連山之成因出于繫辭。

易有大極是生兩儀兩儀生四象四象生八卦。

此四句足以明連山歸藏之序其次第為乾一兌二離三震四巽五坎六艮七坤八合之為九即為河圖

之次第亦可為河圖之數。

八四兩爻
卦象儀極

卦	象	數
乾	☰	一
兑	☱	二
離	☲	三
震	☳	四
巽	☴	五
坎	☵	六
艮	☶	七
坤	☷	八

如圖乾一坤八合之得九　父母
兑二與艮七合之得九　少女少男
離三與坎六合之得九　中女中男
震四與巽五合之得九　長女長男

以次第之巧轉乃數隨之而生．惟其數與洛書之數大異宋人謂以十為河圖之說乃未加推算姑妄言之實不足信．劉牧有新注周易十二卷．圖一卷．今佚四庫．以九為河圖十為洛書與王充河圖之說相合本易數約隱圖三卷附遺論九事一卷．至王充謂伏羲氏之王得河圖周人曰周易此亦得之傳聞因周易之組織有河圖有洛書有九宮即繫天一地二章六十四卦相繫之理在生生不已不若連山歸藏之簡易是另一組織連山歸藏與周辭息息相通．

含算術不能通其理歸藏由方根至五乘方即為六十四卦連山是後由六十四卦以一陽一陰加一倍

畫之至十二畫二卦即變為六十四卦凡四十九十六卦至周易非平方亦非立方實係球形球中所容

體積以最簡單之圖畫之六十四卦得三十二組見下周易圖圖由河圖而來若由洛書求之決不能得

其答數須將三者分得清楚則種種障礙立得解決

孫詒讓札逸卷九論王充正說篇曰

案此文多誤脫夏殷二易不宜同出烈山下烈山氏當作歸藏氏周人曰周易當作周人因之曰周

易漢上易傳引姚信曰連山氏一聲之轉得河圖夏人因之曰連山歸藏氏得河圖商人因之曰歸

藏伏羲氏得河圖周人因之曰周易 原注玉海三十五同 並與此說同當據以校正

孫氏此說雖以姚信王應麟二說為證然未究朱震原文震著漢上集傳十一卷圖三卷叢說三卷其

說未見於集傳 孫氏云 在圖卷上河圖云

王洙宋人著易傳十卷余 曰山海經云伏羲氏得河圖夏后因之曰連山黃帝得河圖商人因之曰

家有鈔本今亦佚 歸藏烈山氏得河圖周人因之曰周易斯乃杜子春之所憑抑知姚信之言非口自出但所從者異

耳 王洙之說與孫氏所引不同在叢說中亦引此說惟不言王洙末言烈山氏世譜所謂神農氏也與孔穎

三易新論

11

連正義八論中第三論同朱氏叢説又云。

易有三名夏曰連山商曰歸藏周曰周易。連山神農氏之別號也。歸藏軒轅氏之別號也。並是代號。

所以易題周人別餘代猶周書周禮之謂也。

此説與前二説相矛盾又與杜子春連山為伏羲所作説異余以為連山歸藏是篇籍之名非作者之名。

古之篇名取定至嚴連山歸藏屬易類之書其正名必與易有關決不至如此泛泛後人所謂連山歸藏。

乃卜筮者所造繇辭如漢書藝文志首載凡為易十三家二百九十四篇祖縣按篇數不合若以三家各十二篇計之則恰得二百九十

四篇且篇字下下著鮚十五家中又出周易三十八卷亦是卜筮之繇辭。

桓譚桓子新論云。

又云。

易一曰連山二曰歸藏三曰周易連山八萬言歸藏四千三百言。御覽六百八。

連山藏於蘭臺歸藏藏於太卜北堂書鈔一百一。連山書鈔作烈山嚴可均將二條連繫輯入正經九。孫馮翼輯分二條。

文係節錄非原文楊慎丹鉛雜錄云。

連山藏于蘭臺歸藏藏於太卜見桓譚新論則後漢時連山歸藏猶存不可以藝文志不列其目而疑之。

楊慎此說似是而非。漢書藝文志古雜八十篇連山歸藏屬於古易。當包括在古易之內。故不列細目。桓譚但舉連山歸藏二書之言數。而於二書之然否存而不論。殊失新論體裁。可見桓說已非完文。王充論衡超奇篇佚文篇定賢篇案書篇對作篇皆推崇桓譚。在其師班固之上。在超奇篇云。

又作新論論世間事辯照然否虛妄之言僞飾之辭莫不證定。彼子長司馬遷。子雲揚雄說論之徒。君山桓譚為甲。

今桓譚僅舉連山歸藏言數及所藏之地。而不證定二書之然否。與桓譚平日著作之旨大異。惜其說未備。否則有裨益於治易不少。至御覽所引新論裁取一二句以為典要。嚴馮二氏輯新論引御覽書致均全且亦無意林。至辯照然否之說大都刪去。既得鱗爪追求全體可證明桓譚對此二書定屬有貶無褒。以羣籍所引證之。知桓譚之說定以當時所謂四千三百言八萬言有虛妄有僞飾。惟全文已佚後漢書桓譚傳謂譚喜非毀俗儒正經篇之作。可決為非毀俗儒之一篇文章。與王充所作正說篇同一主旨想其時有俗儒治連山歸藏等經。多不經之說。故譚撰文正之名曰正經。

今羣籍中引連山者有干寶周禮注皇甫謐帝王世紀。御覽一。鄭道元水經注卷三十。淮水。李淳風乙巳占國翰轕連山云有馮羿者得不死之藥於西王母。姮娥竊之。見已占卷一天象篇不云引連山。司馬貞史記索隱紀夏本紀。羅泌路史。屢見路史注。黃佐六藝流別所引畧同。

引歸藏者有干寶周禮注郭璞爾雅注山海經注穆天子傳注張華博物志說見博物志卷九雜說上未引

歸藏本著備文同朱彝尊經義考虞世南北堂書鈔歐陽詢藝文類聚孔穎達尚書正義賈公彥周禮正引歸藏與御覽七二七引

以為張華博物志語馬國翰從之

義禮記正義李善文選注司馬貞史記索隱徐堅初學記御覽邢昺爾雅疏朱元昇三易備放羅泌路史

羅苹路史注李過西溪易說朱震漢上易圖漢上易叢說王應麟漢書藝文志攷胡一桂周易啟蒙翼傳

徐善四易等書皆涉及歸藏然皆卜筮之繇辭至關於易之正義均無一字道及且二書之繇辭多後人

偽造如鄭母經啟乘六龍登于天外西經注文縣去三歲三歲不腐剖之以異刀化為黃熊郭璞經引開題

又大副之吳刀是用生禹初學記二十二昔者夏后享神于晉之墟文選卷四十六王元長三月三日曲水詩序注引

四收女生啟此類文字實與連山歸藏竟無關係王應麟困學紀聞卷一云

桓譚新論連山八萬言歸藏四千三百言竊疑詳而殷易間未詳所據

何焯以為夏易詳而殷易簡句為桓譚原文非是王氏以夏詳殷簡為疑與黃宗炎尋門餘論說同今所

見連山歸藏之句皆屬繇辭與焦贛易林相類至以數而論亦與易林相等王氏在同卷中又言一卦變

六十四六十四卦變四千九十有六以易林比例之則八萬言不相上下惟焦贛以周易之序卦為次第

則既非歸藏又非連山類似周易而非周易所謂殷易簡者殷人尚龜卜而不當著占甲骨文字殷墟發

見至多可以證明著占則竹簡斷爛求之難得五代之末范諤昌治易自言得於李處約李得於許堅在

种放陈抟之前著易證墜簡二卷惜其書已佚陈振孫書錄載之朱震漢上易叢說間及之謗昌又

有源流圖一卷世或言劉牧之學出於謗昌謗易之學出於种放以時代計之种在范後其說未之敢信

畫名既曰易證墜簡則得之於殘簡可知龜卜之書漢書藝文志載之龜書五十二卷夏龜二十六卷南

龜書二十八卷巨龜三十六卷雜龜十六卷計一百五十八卷今全部遺佚胡煦周易函書類函中末附

三卷有龜圖今治易者猶能知蓍法術已罕見辛史記褚少卿補龜筴列傳,子耕檀篇抱朴子對俗篇。

原文猶在可研究得之洪範以卜為五占用二者言蓍不過得龜之五分之二故殷人用歸藏為占其法

簡卜五占用二兩句自孔安國鄭玄以下皆無確解左傳僖四年著短龜長不如從長此蓍龜之大別宋

人朱元昇三易備攷其說厖雜惟云

連山作於伏羲用于夏歸藏作於黃帝用于商周公相成王設官分職命太卜筮之與周易並掌不

朱氏此說言周禮太卜筮人用連山歸藏者其說可采後人以洪範三人占則從二人之言解釋三人為

以周易而置連山歸藏于無用

三人占云不知三人者各掌三易以占於義方合在箕子說洪範時周制太卜筮人用三易為占黃道周

三易洞機有單行本亦失之野總之古人治易者皆不辨三易組織之法故愈治愈亂

李過西溪易說專言歸藏其書已佚朱彝尊經義考采錄至多惟李過妄改卦名殊不足取改六十四卦

為六十卦缺坤噬嗑貪中孚四卦或以李氏所據為孟喜京房卦氣不知卦氣以以坎離震兑為四正卦據此

洛者之位冬至日在坎春分日在震夏至日在離秋分日在兑卦在卦氣並不缺四卦且李過所缺者非

書律歷志謂之四正卦又云四正為方伯每一四正卦統十五卦　　見漢書

四正卦此係杜撰不足為訓或又以李過缺四卦是闡發揚雄太玄經更非也雄之學桓譚重之揚雄傳

王充尚薄之論衡案書彼作太玄是根據孟京之卦氣循卦氣之次序而為之是言九宮九宮求卦之法

重在流轉得九九八十一卦較歸藏周易多十七卦今一推排比類之又玄之又玄是有式可推有數可

求猶大衍之數去一不用者太玄體仿周易文又奇奧使人難曉　　先子曾謂玄辭多讖王莽在興書

即九宮五五五之位五五者有數而無卦即揚雄所謂玄非老子所謂玄重者為十六卦餘一卦

言之歸藏為體連山與周易為用九宮為用中之用九宮則制語尚象杆格難通

此篇以冠三易新論之首說明連山歸藏是演消息而無文字令人所見千寶郭璞注釋中所引盡鳳麟

辭又以易類諸家注釋浩如烟海俗言爭論咸盲人模象就理之可采心之所安應不分漢宋擇善而

從繫辭所謂當名辨物尚不盡三易之蘊開物成務方可得三易之用至制器尚象在周易繫辭特舉十

三卦亦不足以概其餘至其餘四十九卦正合大衍可用之數卦卦皆可取象不僅限于十三卦也荀子

法後王是掃除厚古者治學之障碍顏淵曰舜何人也余何人也有為者亦若是可知學無止境全在後

人發揮而光大之。

第二章　易名義考

一、易一名而三義解

易字之解釋漢魏治易者無肯定語鄭玄荀爽乾以易知注皆云。

易音亦釋文。　陸德明

鄭玄論語述而篇五十以學易注云。

魯讀易為亦今從古。

是以易字續下句足見漢時治經者不得直解付諸讀者荀爽生生之謂易注又云。

陰陽相易轉相生也。　見李氏集解。

其義又異唐宋以後解之者千百倍於漢魏而言之有當者寥寥無幾孔頴達易正義八論云。

夫易者變化之總名改換之殊稱。……新新不停生生相續其非資變化之力換代之功。……謂之為易取變化之義。

孔說煩節即取其義惟變化見於繫辭改換與換代則經傳未見孔氏述之疑其時為講周易之心傳統觀

經傳改換代在諸卦中革卦可以當之。　先子周易易解云。

革居序卦之四十九即大衍之數去一不用革之六。

是說也發前人所未發又革之象云。

湯武革命。

象提出革命二字而易解云。

雖拯民水火撥亂反正之機而其時猶未至大同也。

先子解革卦亦不能盡易之字義易者當隨時而易隨事而易日新其德勇往向前在周易以乾居首乾之象曰

天行健君子以自彊不息。

據此改換代二者尚非易字之本義如人有過遷善改換二字近之乾坤資始資生乃是變化如孔氏所說新新不停生生相續實為周易之要旨而連山歸藏則不可與周易相提並論矣。

孔穎達八論中又引乾鑿度云。

易一名而含三義所謂易也變易也不易也

所謂易也句鄭玄易贊作易簡也非是在今通行本乾鑿度云。

孔子曰易者易也變易也不易也。

與孔穎達所引義同而字異正義又引周簡子云。

易者易（音亦）原注也不易也變易也易者易代之名凡有無相代彼此相易皆是易義（此言易）祖綵按

體之名有常有體无常无體是不易之義變易者相變改之名兩有所變此為變易張氏何氏並用（不易者常）

此義云。

變易倒置不獨三易先後失其序使義反晦名釋典藝云。

周簡子之說不易變易與今本乾鑿度次序不同而以三易之序次言之周說為正今本乾鑿度不易與

易者言變易也

劉熙此說與乾鑿度兩相比較脫字至多是取賦前斷章之例不无語病畢沅釋名疏證引鄭玄易贊以

證之云。

易之為名也一言而含三義易簡一也變易二也不易三也此言變其義未滿

畢說至諟王先謙釋名疏證補竟從之至可怪古人藝述有先後不類有改變字句不可縷述如易有大

極呂氏春秋大樂作大一不知太極與大一絕對不同如乾鑿度下卷云

故太一取其數以行九宮四正月（祖綵按月像四維皆合於十五）字之諿說見上

是言九宮一算之術鄭玄注重言九宮還宮之法明白如話而讀者誤以大一即大極並舉呂氏春秋大樂篇以正之此固拘執之論斷並忘却上卷所揭

孔子曰易始於太極太極分而為二故生天地。

太極大一二個名詞乾鑿度分得清楚異常而呂氏改太極為太一是作者炫奇立異正義所據之周等間子為陳時周弘正孔氏以謚稱之疑孔氏之本師想周氏得見乾鑿度真本故特表而出之正義云張氏何氏並用此義張疑議何疑何妄時代尚合茲分析乾鑿度所舉三義。

一.易者易也在繫辭是故易者象也者像也此言易者易也即言易者象也京氏易傳卷下云。

易者象也是龔繫辭語以象解易字可深信不疑

二.不易也連山歸藏其書雖無文字古人特揭出消息二字是具有一定之公式其式呆板異常故曰不易。

三.變易也在周易尚變通繫辭所謂窮則變變則通二句盡之變之之例固有一定之公式一定之規律細讀周易方知變字與轉化之義相似故周易重在變字。

至易字以變化釋之吾更得一證據如周書謚法解。

好更改舊曰易。

好更改舊實係自強不息之意並可解釋易者易也一句易之為道唯繫文所通則好更改舊四字得易之

真諦並合生生之謂易之誼若窮滯不通注回易者不窮滯之謂則非治易之道矣也二字當以象

字達出之即是物質和運動之不可分離其主要之公式在六字繫辭云

易之為書也廣大悉備有天道焉有人道焉有地道焉兼三才而兩之故六六者非它也三才之道

也.

棟者何當作連字解兼即是上下兩卦合解之之謂此六字直言之即就是卦之世位在文王演周易時.

即根據歸藏橫圖所謂消是世位逢陽則消息是所謂息是世位遇陰則息即與世位有關故不能

舍消息無言世位不過歸藏之世在一反一覆是呆板的乃是不易在周易則天道地道人道三才為

本.周易以五上兩爻為天道初二兩爻為地道三四兩爻為人道謂之三才三才之卦.初所謂兩之者蓋

畫為地二畫為人三畫為天.用法不同故繫辭曰故易三畫而成卦說詳下原畫章.

接上下兩卦而言所以這六字與一卦六爻之六字不同又與卦之初六二六三六四六五上六之六

字不同是指上下兩卦世位相合適成六字數目在六十四卦中上下兩卦世位相合都為六數即可證

明.但兩卦世位合數雖為六字仍不出三才範圍故兼三才而兩之一句重在兼字兩字下句云六者非

它三才之道就說是在三才範圍中有兩個世位合成六字的緣故所以周易是繫易例如乾世位居上

爻是六坤世位亦居上爻是六乾坤序.由坤之世位數至乾之世位正六數屯蒙序屯為坎宮二世之卦.

蒙為離宮四世之卦，二四合六餘可類推。

二、日月為易辨誤

說文解釋易字。

易、蜥易、蝘蜓、守宮也，象形。祕書說日月為易，一曰从勿。

徐鍇繫傳云。

祕書謂下為月字、日月為易言陰陽晝夜相變易也。

勿月不同吾時時懷疑終不愜意自小徐以下清之治許學者如段玉裁、能文田嚴可均桂馥王筠張行孚諸人皆從其說治易者上自漢虞翻下迄清惠棟沈善登咸从許說陸德明經典釋文云。

易、經名也虞翻注參同契云從日下月正从日勿。

虞翻此注實昧於字義而惠棟云。

祕書在參同契之先魏伯陽蓋有所受之也。（見易例）

考日本刊百卷本一切經音義卷六大般若經第四百九十四卷、十四卷。引祕書上有賣字乃知賣祕書是賣逵東觀漢紀云。

范蔚宗後漢書賈逵傳云。

與班固並校祕書。

又范書逵傳云。

永元八年復為侍中領騎都尉內備帷幄兼領祕書。

有云許慎師事賈逵未得確據。在解中慶出賈侍中說此云賈祕書說永元八年在許冲上書前二十四

年。許冲上書，在建光元年。前云侍中，此云祕書著宜年代不同官階升遷有異是祕書係官名不是書名可

證，丁福保說文詁林已錄入之。至陸德明引參同契曰下月正正疑上字上古文上篆文上作正乃正之譌字至勿以為

月譌之至不獨失其讀且失其義我賈祕書云曰月為易是根據繫辭懸象著明莫大於曰月一句而來賈

氏此種論調史氏議其附會文致如引左氏明漢為堯後相等至魏伯陽參同契曰月為易句。見上。言納

甲之理與易字絕不相侔。說詳拙著周易孟氏學。可无容辯一切經音義卷三大般若經第三百三。引說文云。

易蜥易也在室曰守宮在澤曰蜥易象形字也。

與二徐本全異蜥易蝘蜓守宮三者見爾雅釋魚方言淮南子精神訓廣雅釋魚稗雅爾雅翼騈雅諸書。

其形相似。而色則有別。蜥易生山澤中背金黃色身碧色俗呼四腳蛇蝘蜓大小與守宮相似碧色性馴

三易新論

23

良生園圃中。俗呼蠑螈蛇。守宮蠦色俗呼壁虎。皆喜捕蚊蠅因保護生命之故。其身色時變故羅泌路發

憚云。

易者蠦蠡之名守宮是矣身色無恒日十二變是則易者本其變也。

蘆蠡方言八作蠦蠡陸佃亦言蜥易善變。

三、易從日從勿考

易字下當從勿。說文一曰從勿之義說文云。

州里所建旗象其柄有三斿雜帛幅半異所以趣民故遽稱勿勿。

日下勿者象日下見勿民趣勞作示以勿象似詞義未完在顏氏家訓勉學篇引此云。

勿者州里所建之旗也象其柄及三斿之形所以趣民事故遽者稱為勿勿。

詞義稍完徐鍇韻會一東恩字引此同勿有象意故象字象字下有勿形加以人因象象屬獸類故有尾。

由易而生象象勿甲骨文字作乢乢乢乢勿勿乢乢乢乢勿形與許象暑異郭沫若謂

甲骨文之字或反或正或順或逆或繁或省則勿為旗趣民事少為標識所言字形殊為正確。

至於易言勿在日下使人一見即明黎世序河上易注專據易字名義上日下月立說沈善登疑之以勿

為月字義盡失書名一昧，全易難通。古勿物一字，周禮宗伯司常通帛為旝，雜帛為物，又儀禮士喪禮鄉

射禮，說注釋名釋兵皆引。雜帛為物，莊子天道中心，物憷釋文本亦作勿物，說文物萬物也。易重言萬物，

乾之象曰萬物品物庶物，與說文解義同。

日月為易，王應麟亦主是說，謂日月為易，一奇一耦陰陽之象也。並引王安石詩說李舜臣程迥三說以

寶之，其言也麗。見圖學治易者以日月為易，以為不祧之論非是。

四、易者象也解

左傳昭二年云。

　晉侯使韓宣子來聘。祖縣按：宣子起之諡……觀書於大史氏，見易象與魯春秋，曰周禮盡在魯矣。

杜預注云。

　易象上下經之象辭，魯春秋史記之策書，春秋遵周公之典以序事，故曰周禮盡在魯矣。

　杜預以易象為上下經之象辭，圖所識者小，管子七法篇義也，名也時也似也類也比也狀也，謂之象是象

　所包者廣。繫辭見乃謂之象，韓康伯注云象兆見曰象。繫辭又云形乃謂之器，制而用之謂之象是象法利用出入

　民咸用之謂之神，則易象之象即制器尚象之象，當時必有圖案可象，為制器之用。韓康伯所云兆見是

有物可見之證如漢書藝文志載圖一及易具八皆尚象之用治易者如京房改消息為寒溫首爽政消

息為升降鄭玄之爻辰虞翻之變巧立名目至易象為治易之要素擔棄易治在施孟梁丘京四家彼

一是非此一是非或拘於章句或泥於術數未遑計及尚象一事嘗存易象乃周室之副本因周室東遷

岐豐為大戎盤據在鎬京者已遭兵燹所謂易象惟魯猶存老子在周室似未見易象考于云一生二二

生二三生萬物說本歸藏不及周易吾友杭辛齋讀易雜識言及老子之易未免誇大

梁顧繩左通補釋云

易謂周易穆子之生也莊叔以周易筮之原注

昭五明魯有周易也象謂六官所布於邦國者若治象教

象之類蓋布治布教則必并其象而布之桓僖廟災命藏象曰舊章不可亡哀三原注明魯有所布之象

如見左通補釋
二十一卷

梁以易象析而為二非當是涉下文周禮而誤與日月為易同一錯誤幸慧琳猶得見說文古本使人知

易字之義可以疑團頓解易與勿二字今本說文所出易二解勿一解據顏之推慧琳所引皆異可見治

古典籍之難

清儒如惠棟輩僅搜古訓不肯從易象根本下手江永河洛精蘊一書注意易象惜未得其門而入致其

書瑜不掩瑕江以後如焦循著雕菰樓易學二種端木國瑚著周易指凌堔著周易翼學沈善澄著需時

易學三種杭辛齋著易學暨

先于著周易易解同易示児。六人皆欲明體連用然所著諸書雖裨於治易者惜對解釋易字之定義則皆執游移兩可當據乾鑿度易義解釋之所謂易者易也。即繫辭易者象也之意以象解易庶能窺易之蘊矣。繫辭見乃謂之象。形乃謂之器由象形而成物體即謂之器六十四卦中不僅有鼎井已成器名此外未有名詞而根據原理可以造成利用工具都在人類意象之中凡易之擬議神化其重要就在這一點易義既明乃可讀易。

後于著周易易解同易示児，錄惠棟易漢學刊誤。

第三章　畫卦原始

一、釋畫

上古結繩而治其後人事曰煩不能不易之以書契乾坤鑿度曰。

黃帝曰聖人索頤作天索易作地俯仰而象遠近而物浩而功然而位立。按今本無位字據注增。

又引大天天氏云。

一大之物曰天。

立書契不得不有文字以表明之故乾坤鑿度以八卦八文。

畫即劃字在說文。

畫界也象田四界畫所以畫之劃亦古文。

畫為後世所謂筆者即聿之孳乳徐鍇繫傳云。

聿為河圖八文是畫卦為制字之先聲可無疑。

若筆畫之也用其界也指事。

徐鍇又云。

29

刀所以割制之也。

說文大徐本云。

錐刀曰劃从刀从畫畫亦聲。

畫與劃古今字繫辭不出畫字僅云伏羲作八卦說卦傳始出畫字云。

兼三才而兩之故易六畫而成卦分陰分陽迭用剛柔故易六畫而成章。

則說卦傳之畫當作筆畫之畫釋之為允或以上古尚未有筆墨則畫字當作何解也繫辭云。

上古結繩而治後世聖人易之以書契百官以治萬民以察蓋取之夬。

契鄭玄注云。

書之于木刻其側為契各持其一後以相考合。

鄭玄釋契是今維吾爾自治區南區實發見木契與鄭注相合以發見之木契證之則畫為刻劃之劃可

無疑乾鑿度言畫卦云。

物有始有壯有究故三畫而成乾。乾坤相並而生物有陰陽故六畫而成卦卦者挂也挂萬物視而

見之故三畫已下為地四畫已上為天物感以動類相應也陽氣从下生動於地之下則應於天之

下動於地之中則應於天之中動於地之上則應於天之上故初以四二以五三以上此謂之應。

乾鑿度此說雖與三才之道異因重在應字與三才之理可以融會毋貫通下文又引孔子云。

易有六位三才天地人道之分除也三才之道天地人此天有陰陽地有柔剛人有仁義法此三者。

故生六位

乾鑿度前後兩說若細細分析不无矛盾雖上言世位與應僅言天道地道而不言人道不知世位與應

不能越出三才否則世位與應永無決定之語乾鑿度前一說言畫卦之理所謂始爻猶人在兒

童時代所謂壯是指二爻猶人在中年時代所謂究是指三爻猶人衰老時代此指三畫卦而言至六畫

之卦初爻與四爻應四亦作始論二爻與五爻應五亦作壯論三爻與上爻應上亦作完論六畫之理如

畫卦之劃又作為畫作為形象解義亦可通爾雅釋言云。

郭璞注

畫者為形象。

畫。

畫形也。

邢昺疏云。

郭云畫者為形象考工記云畫績之事其象方天時變火以圜山以章水以龍鳥獸蛇是畫者為形

象也。

邢昺疏係節錄原文詳考工記畫繢考工記言設色之工畫繢鍾筐慌五者今筐人已恢不可考餘四者。

其說尚存釋名釋書契云。

畫挂也以五色挂物上也。

御覽七五〇引同畢沅釋名疏證改。

畫繪也以五色繪物象也。

原文不誤畢氏改訂反誤釋名諸釋皆以聲通訓畫挂皆在十六部妄更改繪繪與畫不同紐而畢氏注又云。

今本作畫挂也以五色挂物上也。據御覽引。祖縣按釋名原書具。在不當云據御覽云。改挂為繪。據廣韻引祖縣按廣韻引十五卦畫釋名畫挂也以五色挂物象也。祖縣按考工記無。並不作繪。不知畢氏據何本。改上作象考工記曰畫繪之事雜五色。象字廣韻有象字。畢氏書多出賓客之手。不足深責。獨怪江聲審定此書並寫象畫江氏治許學者而未加釐正。不知何故。

王先謙釋名疏證補亦仍畢氏之誤。

二.釋圖

許慎說文云。

圖畫計難也从口从啚啚難意也。

小徐本作。

從口啚聲難意也。

繫傳又云。

口其規畫也圖畫必先規畫之啚者吝嗇難之意也。

大徐从口从啚說是 小徐云從 小徐本作從不作从其義有異余引 口啚聲啚非聲亦妄改增一聲字廣 小徐本作從而校者每從為从殊非

雅釋詁四
圖畫也。

太玄圖注
圖者象也。

尚書顧命河圖孔安國傳云。
河圖八卦。

後漢書光武紀上注。
圖河圖也。

三易新論

33

文選東方朔畫贊陰陽圖緯之學注云。

河圖也。

又文選郭有道郭泰也碑探圖緯注云。

圖河圖也。

以上諸說觀之圖字指河圖為多繫辭河出圖洛出書聖人則之正義及集解引鄭玄注云。春秋緯云河以通乾出天苞洛以通神吐地符河龍圖發洛龜書成河圖有九篇洛書有六篇。以鄭玄注證之則圖字當作河圖解其義方確此易圖畫兩字義則有異。

三 釋卦

圖畫既明乃釋卦字說卦傳云。

觀變於陰陽而立卦。

韓康伯注云。

卦象也。

說卦傳之變字即繫辭十有八變而成易之變三變成爻六爻為十有八變文韓注庸與王弼略例明卦適

變通爻云。

夫卦者時也。

在易六十四卦中象言時者如豫隨賁頤大過坎遯睽蹇解損益姤升革艮豐旅節小過二十卦時為時

間之時字解與象絕對不侔且多言某之時即言在某卦之時間與象字義不相合至象小象文言之時

皆是時間之時字今王弼以游移兩可之說釋卦蓋據變通趣時之時字由窮

則變變則通而來更不知窮通趣時是指周易由歸藏連山而來因時間性不同演周易以合於時間性

故曰趣時言以消息代趣時是也王弼以卦為時以易理之公式及界限分之析之完全出於虛無流入清

談爾雅釋詁時是也作則義始明王弼於明文通變云通乎晝夜之道而无窮下

一句尚可說得過去上一句全背易理繫辭所謂无體是指變化言而王弼竟以無體為虛無大背易旨。

易是以有立說繫辭云。

是故易有太極是生兩儀兩儀生四象四象生八卦。

重言有字不言无字邢璹經典釋文作注更申主義王邢兩人誤解時字為趣時惟王弼之學師承劉表

掃象之外注多追述馬融亦有可采者

韓康伯注孔穎達正義未疏孔氏在乾卦疏云

乾者，此卦之名，謂之卦者，易緯祖縣按乾，鑿度文。云，卦者，掛也，言懸掛物象以示於人，故謂之卦。但三畫之體雖象陰陽之氣未成萬物之象，未得成卦必三畫以象三才寫天乾地坤雷震風巽水坎火離山艮澤兌之象乃謂之卦也，故繫辭云，八卦成列象在其中矣是也。

又廣雅釋言云。

　卦掛也。

孔疏釋卦字與釋名釋姿容同彼云。

卦賣卦也自掛於市，而賣還是祖縣殷疑，自可無懸色言此似之也。之字未詳段說據何書。

釋名廣雅釋卦字義與乾鑿度同至說文卦晝也及鄭玄儀禮士冠禮喪禮特牲饋食禮少牢饋食禮四篇所注卦字義皆不及掛字之勝惟鄭云士冠禮二注中皆揭出三易為占而士冠禮並及連山歸藏是可證連山歸藏二易鄭氏猶及見之卦掛為圭之孳乳其義出於土圭孟子滕文公篇圭田之說自漢近元對圭字所解皆不的當惟明孫闓以九章方田解之謂圭者合二勾股形其說始成立因卦字乃圭之孳乳見與地系治六書九章故其說精核。

四．畫卦之法

36

易學經典文庫

畫卦之法由數由象由形三者而畫可據繫辭及說卦傳求之惟繫辭文已錯亂說卦傳言象最簡而備乃就周易之通行本順

其先後要列之畧加按語今先言數漢書律歷志云

自伏羲畫八卦由數起

數列舉如后

是卦起於數可證在易有洛書之數有大衍之數有生成之數有歸藏連山之數有周易之數有九宮之數各有定例不能據甲而證乙至虞翻之納甲邵雍之皇極經世之類其說流入旁門故不齒及繫辭言

一、六爻之動三極之道也。 此說與上文引乾鑿度兩文參孜之六爻皆如此動指變言。

二、一陰一陽之謂道 陰陽即正負之記號歸藏之成因皆一陽一陰遞生而成復由陰陽成消息。

一陽一陰是兩儀不是太極太極呂氏春秋作太一其文云造於太一化為陰陽高誘注太一道也。

陰陽化成萬物也高注把造興化道與陰陽辨明分析太一兩字雖呂氏門客據莊子天下篇禮記禮運篇所出太一兩字或在莊周呂不韋戴德以前已有太一之稱。

三、大衍之數五十其用四十有九分而為二以象兩掛一以象三揲之以四以象四時歸奇於扐以象閏五歲再閏故再扐而後掛。 按漢書律歷志曰以五乘十大衍之數也而道據其一其餘四十九所當用也而律歷志對四十有九無肯定之語不知此四十有九乃七七自乘得四十有九乃勾

股弦之立成之法。詳見周髀算經卷上有圖三可供參攷。不過古之算術其公式不若後世之巧轉。

因學術日有進步所致至分而為二以象兩以下其說見孔穎達正義及朱熹筮儀故不贅。

四．天數五地數五五位相得而各有合天數二十有五地數三十凡天地之數五十有五。　按此言

洛書之數又衍而為九宮之數天數為奇數即一三五七九其數相加得二十五地數為耦數即二

四六八十其數相加得三十所謂天地之數即二十有五與三十相加即得五十有五惟十為虛數洛

書四十五溢去十數十者為逆數之作用國內游學歐美之疇人子弟不考發明著時代以為即西

人之幻方而棄之主觀未免過深。

五．乾之策二百一十有六坤之策百四十有四凡三百有六十當期之日二篇之策萬有一千五百

二十當萬物之數也是故四營而成易十有八變而成卦。　按求乾卦之策數乾六爻皆陽用九以

四營之坤卦之策數坤六爻皆陰用六以四營之其策數為、

$$9 \times 4爻 = 216$$
$$6 \times 4爻 = 144$$

兩數

相加為三百六十至萬有一千五百當萬物之數漢書律歷志說凡二見一見量下一見衡權下皆

以三十斤立說十有八變而成卦律歷志云三十斤為鈞四鈞為石忖為十八易十有八變之象也。

顏師古注引孟康張晏兩說至清錢大昕始關孟康說為非錢說是。　此言洛書數根又言周易成因。

六．參五以變錯綜其數。

七、天一地二天三地四天五地六天七地八天九地十。 此言生成之數即九宮之數九宮即洪範。

不過洪範不言流轉之式是呆板的未盡變化之用。

八、一闔一闢謂之變。 此言動則變之理上文云夫坤其靜也翕其動也闢闔即翕也乾闢坤闔陰

陽之理如此虞翻注云陽變闔陰變闢陰陽剛柔相推而生變化也虞注尚非至理以生生之理立

說當云陽剛闢陰陰柔闔陽此之謂繫文方合於理。

九、是故易有太極是生兩儀兩儀生四象四象生八卦 此言歸藏之成立與周易組織不同。

十、天下之動貞夫一者也 貞夫一簡言之由互相矛盾而彼此一致貞夫一非求數不可。

十一、六者非它也三才之道也 此言周易上下兩卦世位為六與歸藏連山不同。

又說卦傳云。

一、參天兩地而倚數。 按此言洛書圓則為一三九七方則二四八六故謂倚數其根絲毫不亂。

二、是故易逆數也。 按說卦傳天地定位章揭出此句言河圖之變通

三、帝出乎震一章全文提出萬物二字計十有五。 按此洛書之位重言萬物者在制器尚象若限

於卜筮未免過隘。

以繫辭說卦傳二篇觀之所謂數不是片斷無聯繫的是有科學的基礎惟繫辭何人著作則不可考惟

篇中有子曰者可決定非孔子所作荀子非相篇仲尼子弓儒效篇仲

尼子弓。按韓愈以為荀卿之語聖人必曰孔子子弓。子弓之事業不傳惟太史公書弟子傳。有姓名馯

荀卿論說常與仲尼相配必非馯臂也。說見昌黎集二十朱送王秀才序楊倞以為馯臂傳易之外更無所聞

原雁蕩在繫辭可以當之。余疑子弓為荀卿本師。馯臂江東人荀卿流寓江東疑有雅故繫辭之文不及

說卦傳之樸茂。開宗明義天尊地卑等句與史記樂書雷同疑係後人竄入郭沫若以易之作者當是馯

臂子弓。見青銅時代周易之制作時代第六章。揭出一個重大問題。研究知繫辭出于子弓無可疑因子弓重在變化尚

未及進化如乾卦象曰自彊不息大畜象曰日新其德益象曰日進無彊革象曰草而當之類繫辭在古

者包犧氏之王天下也一章三言後世聖人以法後王不敢言自我創造與象象之思想有異則所謂十

翼者非出於一人可知。

五．象與形之別

象與形有別。

一、在天成象在地成形變化見矣。

二、是故夫象聖人有以見天下之賾而擬諸形容象其物宜是故謂之象。

易學經典文庫

三、天垂象見吉凶聖人則之。

四、仰則觀象於天俯則觀法於地。

據以上四者分析之是象與形不同象者形雖可見而尚須擬議者是而形者其形已著无容擬議者是。

象與形不可混而為一在字義說文以象為獸人部出像字解曰

像象也從人從象讀若（祖辣按小徐本象也从人象讀若養人象讀若養字之養）

徐鍇繫傳云。

象也者像此也。

尚書曰崇德象賢。（祖辣按今尚書無此文。乃審厥象。說見上文本皆作此像字作象字假借也。）

繫辭云。

象也者像此也。

釋象字義頗游移在韓非解老篇。

人希見生象也而得死象之骨案其圖以想其生也故諸人所以意想者皆得謂之象也。

韓非釋象字允甲骨文尚未發見像字祇有象字而像為象之孳乳可不必另出像字而義亦明漢人釋象二字馬融在天成象在地成形傳云。

象者日月星形為植物動物也。

鄭玄注云。

象曰月星辰也形謂草木鳥獸也。

魏人王肅注云。

形山川羣物。

王肅釋形字較鄭為備在象之數書王先典已發明七政又如孟子離婁篇云。

天之高也星辰之遠也苟求其故千歲之日至日至夏至為日長至冬至為日短至可坐而致也。

由此可知古人已能推求歷術。

六. 釋道

司馬遷作天官書有云至天道命不傳繫辭以形而上者謂之道道疑指天道但可擬議无以名之強名之曰道這個道字就形而上學的觀點把自然現象看成是單獨的彼此孤立的和不變的這是不科學而繫辭所謂一陰一陽之謂道大戴禮本命篇亦曰一陰一陽然後成道在六十四卦中言象象大半以自然現象為人事措施的準則即就是以存在決定意識不以意識決定存在尚含有樸素的唯物主義因素繫辭言道字乾道成男坤道成女與一陰一陽之說合不知道字惟太極可以擬議太極是无陰无陽

其實內中含有陰陽餘更芒苁其辭

王夫之言道字以氣立說余以為古人言道以荀子儒效篇之說較王夫之為正。王說實體乾鑿度太易者未見氣太初者氣之

而來。荀卿云。始二句

此其道出于一島謂一曰執神而固島謂神四盡善挾浴之謂神萬物莫足以傾之之謂固神固之

謂聖人聖人也者道管也　祖絲按管字義詳乾鑿度惟字句有顛倒天下之道管是矣百王之道一是矣。

荀卿解道字分析的當又與乾鑿度易始於一之說合鶡冠子環流篇有一而有氣說尚未見的當以諸

說考之道作一解其義方合諺云道一風同亦為道字之直解至繫辭一陰一陽之謂道把這句細細分

析已涉及兩儀非是即老子一生二者是先秦諸子言道字者即一書之中也有先後矛盾者如管子正

篇云。

萬物崇一陰陽同度曰道。

而心術篇云。

以無為之謂道。

又云。

虛無無形謂之道。

與正篇立論實嚴矛盾郭沫若以管子心術內業兩篇為宋鈃遺著（說見青銅時代二五五頁宋鈃·尹顧

具卓見故與管子之主張不同又如鶡冠子一書與老莊同屬道家而攻擊老子較韓愈原道措辭更為
文遺著考管子集校六三三頁。

嚴厲愈之推重鶡冠子者實在攻老子。在薄希篇云。

道有據（三紀曆曰）道據於一.

在環流篇云。

無不備之謂道。

又云。

故所謂道者無己若也。

鶡冠子言道殊多茲畧舉而已其關老子之所謂道在夜行篇云。

強為之說。曰芴乎芒乎中有象乎芒乎芴乎中有物乎窅乎冥乎中有精乎致信窈情復反無貌鬼

見不能為人業。故聖人貴（祖縣按文義行。貴上脫不字夜行。）

紙斥老子所謂道如此當與王弼老子註二十一章參看之鶡冠子言一字皆與道字有關又能天篇云。

道者開物者也非齊物者也。

開物見繫辭齊物壯子篇名（余友程耿金華人治鶡冠子頗專。）謂鶡冠子為反攻老莊放者之道（放者之道見漢書藝文志.程說

亦是總之此道字若作一解當與畫卦有關唐以前注此二句者有崔憬及孔穎達兩說崔云

此結上文兼明之形器祖縣按此二字變通之事業也凡天地萬物皆有形質就形質之中有體有

用體者即形質也用者即形質之妙用也言有妙理之用以扶其體則是道也其體比用若器之于

物則是體為形之下謂之為器也假令天地圓蓋方軫為體以萬物資生為用為道動物

以形軀為體靈識為用道植物以枝幹為體以生性為道為用

崔說僅及形器而不能兼顧形道且出體用二字以賅道與器若細細分析道是體不是用古無訓道為

用者惟素問天元紀大論在人為道王冰注道為妙用之道也是王冰襲崔憬說而謂孔穎達疏云

是故形而上者謂之道形而下者謂之器道是無體之名形由道而立是先道而後形是道在之上

形在道之下故自形外已上皆謂之道也自形內而下者謂之器也形雖處道器兩畔之際形在器

不在道也既有形質可為器用故曰形而下者謂之器也

孔疏所說若以唯物觀點論之實不能成立曰有曰無二字繫傳中並不提及乃妄加此兩字非理之正

且易之為書是尚有的不是尚無的晉人言易一派尚有立說一派尚無立說繫辭揭出是故易有太極

可知易是有的不是無的自周敦頤首創無極而太極世人遂以為無中生有不知無極兩字之解釋當

以鷌冠子天則篇為先彼云

45

彼天地之以無極者。以守度而不可濫。

鶡冠子言以守度而不可濫是言有不是言無而下文又云。

·曰不踰辰月宿其列當名服事星守弗去弦望晦朔終始相巡踰年累歲用不綴綴此天之所柄以

臨斗者也。

全文是言有不是言無孔疏言道是無體之名形由道而立此兩句流弊殊多不知繫辭重在下文三事。

化而裁之謂之變推而行之謂之通舉而錯之天下之民謂之事業。

曰變通曰事業雖未揭出制器尚象而制器尚象之事業實包括在其中。

最後論有无二字有則有數有象有形可以畫出无則无數无象无形不能畫出易主有立說不主无立

說在繫辭云。

是故易有大極大極生兩儀兩儀生四象四象生八卦八卦定吉凶吉凶生大業。

全以有字立說有字於三易之成因是肯定的或以歸藏連山祇言消息不言有无不知尚有然後有消

息若云无是无息流入釋氏空相之弊易乾卦九三屬无咎釋文引王□說天屈西北為无此王育

釋无咎實謂文言无咎是言无咎之无不是有无之无且无无咎二字在繫辭固有確定之解說曰

无咎者善補過也。

46

又曰。

震无咎者存乎悔。

上一說韓康伯未注下一句注云。

无咎者善補過也震動也故動而无咎存乎悔過也。

韓氏釋无咎如此无咎係一名詞與无字義不相類而釋文以王肅之說。以解乾之九三爻之无咎。此說

經之大赦或以繫辭云。

易无思也无為也。

藉此為无字之張本不知无思无為實為治易之張本並非為无字之張本所謂无思无為者言三易皆

有公式歸藏一陽一陰之位以消以息是從位數之連山歸藏一陽一陰以消以息亦從位數之皆得

其遞生之理周易上下兩卦世位為六知其理則絲毫不能紊亂故曰易无思也无為也全文重在上文

至精至變及下文至神三者今不顧上下文截取兩句效賦詩斷章之義烏可乎韓康伯注可采乃正義

雜以玄通及太虛兩个名詞使義反晦韓注曰。

夫非忘象者則无以制象、祖緜按王弼注忘象韓非遺數者則无以極數、知之而遺數則人皆未知

在暑例明爻通變云夫情偽之動非數之所求也。至精者无籌策而不可亂。又云巧歷不能定其算數又云度量不能鈞也。祖緜按王弼掃象治易皆祖緜按此句疑錯簡以下文二句例之當作至

精者籌策而无可亂至變者體一而无不周至神者寂然而无不應斯蓋功用之母象數所由立故曰非至精

至變至神則不能與於斯也

正義加入玄通與太虛兩者不獨蛇足使其易理反晦今當肯定无思无為之无字當作不字解於義方

合。

或以气為无在乾鑿度以太易為未見气太初為氣之始又以視之不見聽之不聞循之不得故曰易也

易无形畔似謂氣生於无因視不見聽不聞循不得之氣而遂謂易无形畔主此說者匪特不了解三種

物體變化即其所闡述亦無一定使易理陷入渾淪之中說文云

氣雲气也。

釋名釋天。

气愾也愾然有聲而無形也。

素問天元紀大論云。

故在天為气。

王冰注云。

气謂風熱溫燥寒。

48

以上數則說文以氣為雲氣雲氣則視而可見說文云山川气也山川之氣人目可覩在素問陰陽應大

論亦云。

地氣上為雲。

地氣即山川氣也山川之氣亦視而可見釋名謂氣愾然有聲而無形無形則視而不見有聲則聽而可

聞雲氣成為風即有聲而無形所以下文接出風字並以氣在內與陰為氣在外發揚為陽是用氣來

釋陰陽也可備一說但不如以陽為光陰為氣 沈善登說 及形能簿氣 尤至多

云在天為氣注云風熱溫燥寒此祇言氣質或氣候並非氣體氣體視之則不見聽之則不聞而循之則 沈善登說見學易筆談卷四天地絪緼條較勝至素問

又可得由此可知古來解釋氣字或有或無尚無一定僅以感性之認識外對於物質之有無尚未能明

辨易之精義在於尚有若以易无形耶是乾鑿度之失言不獨與易旨相違亦无卦可畫矣

或又以零為无治宋易者以為無極即是零强執陳善堂遺集有石論無極說又以周敦頤圖上之一圈即

為零字不過周陳二氏原文中並未涉及零字後人附會殊可不必不知數字上之零字有位有時不等

於无且算術中之无字更有極大作用以無極為零顯然不合把原始的唯物論變為唯心的了。

讀易自畫卦始有一定之規律一一可以畫出自漢以來孟梁丘施京四家之易不求真是魏晉以降滲

入釋氏之說流入虛無唐時以王弼為主而孔穎達作正義委曲求全不能暢所欲言李鼎祚集易說搜

羅舊說。不過稍復面目僅得訓詁之末而已至宋競言天命解易其義更晦若不從畫卦入手則易義不明矣。

繫辭云。

河出圖洛出書聖人則之。

聖人則之是河圖洛書二者孔門所不廢今則為漢宋兩派聚訟之點清黃宗羲毛牲胡渭惠棟輩欲伸漢而屈宋駁斥河圖洛書而惠棟尤甚。按姚配中說，游移漢宋之間，其案語此亦。神物天地變之類河圖洛書未聞其詳。其易漢學辨河圖洛書。

以為張衡桓譚所痛斥考之張衡傳

衡上疏臣聞聖人明審律歷以定吉凶重之以卜筮雜之以九宮。

又曰。

圖讖成哀平之際也且河洛六藝篇錄已定。祖緜按衡疏篇錄已定。則有書可知其書錄定在哀平之前。後人皮傳无所容纂。祖緜

先子曰。

按衡言河洛六藝篇錄已定。則後人圖讖之說不能羼入。

閱原文知衡所痛斥者係圖讖非河圖洛書也。若痛斥河洛何必再云篇錄已定乃作者誤解圖讖

之圖混而為河圖之圖。此惠氏誤解原文所致。見中華書局出版中國語文學研究先于著惠棟易漢學正誤。

後漢書桓譚傳譚疏云。

今者巧慧小才使數之人增益圖書矯稱讖記以欺惑貪邪詿誤人主焉可不抑遠之哉。

是桓譚以圖書與讖記為二事可證而惠棟又謂。

桓譚新論曰河圖洛書但有兆朕而不可知乃知漢以來並未有圖書之象。見意林三。

先子曰。

按新論讖出河圖洛書原文具在班班可考。祖綿按桓譚新論全書已今惠氏節去讖出二字按先祖綿

校勘者根據惠氏易漢學誤節去讖出二字而武斷為桓氏痛斥之張本奈何細繹桓氏之意識自識。

河圖洛書自河圖洛書亦恐後人皮傳故慨乎言之爾。

此惠棟竄改原文。以符其說爾惠棟周易述注則采禮記禮運其言曰。

天不愛其道故河出圖地不愛其寶故洛出書聖人則之體信以達順遂致太平此。祖綿按禮運原文天不愛其道

其疏則則改集解所引鄭玄注云天不愛其道地不愛其寶禮運文鄭氏易注據春秋緯云河以通乾出地不愛其情故天降膏露地出醴泉山出器車河出馬圖。

天苞是天不愛其道故河出圖也又云洛以流坤吐地符是地不愛其寶故洛出書也河圖洛書謂帝王

52

受命之符以解河圖洛書流入圖讖矣。姚配中以河圖洛書眾家異說莫可改正。姚說非當徵之摩經書顧命。

大玉夷玉天球河圖在東序。

孔安國注曰。

河圖八卦伏羲王天下龍馬出河遂則其文以畫八卦謂之河圖。

正義引王肅注。

河圖八卦也。

詩大雅文王正義引鄭玄云。

河圖洛書皆天神言語所以教告王者也。

下并有一段其語更涉神話茲不錄禮記禮運云。

河出馬圖。

鄭玄注。

馬圖龍圖而出也。

正義引尚書中侯握河紀。

伏羲有天下，龍馬負圖出於河，遂法以畫八卦。

路史注引三墳書。見路史卷一。禪通紀太昊。亦言龍馬負圖始畫卦也。史記平準書索隱引易。

在天莫如龍，在地莫如馬。

後漢書馬援傳有云。

行天莫如龍，行地莫如馬。

言龍馬二字，顧詳乾坤鑿度云。

乾為龍，純頹氣，若龍是龍者假象也。

論語子罕篇云。

河不出圖。

何晏集解引孔安國云。

河圖八卦。

至易注正義序謂孔安國馬融姚信說伏羲得河圖而作易。

舉經已畢益之以緯。緯與讖異，因漢時帝王喜讖，以讖亂緯矣。其實讖自讖緯自緯，不能相混。乾坤鑿度

曰。

有河圖八文。

易緯是類謀曰。

河龍圖雒龜書。

禮緯含文嘉曰。

伏羲德合上下天應以爲獸文章地應以河圖洛書乃則象而作易。祖縣按乃則象而作易句從路史注補。

緯言圖書者夥矣故畧舉其概又河圖洛書有專門緯文如孫穀古微書喬松年緯攟輯佚至多如後漢楊震等專治河洛之說後漢書載之頗詳治漢學者不加考索致流於疏闊。

次徵之以史史記孔子世家。

魯哀公十四年春狩大野叔孫氏車子鉏商獲獸以爲不祥仲尼視之曰麟也取之曰河不出圖雒不出書吾已矣夫。

集解引孔安國云。

聖人受命則河出圖今无此瑞吾已矣夫者不得見河圖八卦是也。

漢書龜錯傳賢良文學對策云。

河出圖洛出書。

同書孝武紀元光元年。按公孫弘傳作五年。詔賢良。亦有河洛出圖書公孫弘傳。

弘對策有曰河出圖洛出書。

同書李尋傳。

尋對災異曰天下有道則河出圖洛出書。

又溝洫志谷永上言。

河中國之經瀆聖王興則出圖書。

據此則惠棟謂知漢以來並未有圖書之家殊誤又罹義傳云。

河圖洛書遠自昆侖出于重埜。

此雖王莽托經文過之辭或以為河圖洛書乃劉歆所偽造其實劉歆之前有公孫弘李尋谷永劉歆之後有班固劉瑜固自敘傳述五行志第七云。

河圖命庖洛書賜禹八卦成列九疇逌叙。

李奇云。

河圖即八卦也洛書即洪範九疇是也。

以公孫弘班固證之可知非劉歆所能偽造也漢書五行志。

易曰天垂象見吉凶聖人象之河出圖雒出書聖人則之。

劉歆以為慮羲氏繼天而王受河圖則而畫之八卦是也禹治洪水賜雒書法而陳之洪範是也又以為

武王問雒書於箕子箕子對禹得雒書之意也。

是以雒書為九疇矣又謂初一曰五行至咸用六極凡此六十五字歆以為雒書本文所謂天迺錫禹大

法九章常事所次者也又謂河圖雒書相為經緯八卦九章相為表裏。

愚以為天賜禹洪範九疇亦屬不經禹浮於洛而得九疇因洪水為災典物汨陳禹治水時失而復得亦

理之常又藝文志云

序言其作意。

易曰河出圖洛出書聖人則之故書之所起遠矣至孔子篡焉上斷於堯下訖於秦凡百篇以為之

圖書是指易今班固用之以序書雖書之包括至廣 按如洪範之 類與易有關 究屬牽強漢書藝文志載有圖書祕記

十七篇今已佚是否言河洛之理則不可考然屬天文類疑非後漢書劉瑜傳云

桓帝延熹八年上書曰河圖授嗣正在九房。

釋彖綜風角星官筭歷河圖七緯推筭。

徐稱傳注引謝承書云

又方術撰英傳云。

英習京氏易兼明五經。又善風角星算河洛七緯推步災異著易章句。

又方術列傳序云。

若夫陰陽推步之學往往見於墳記矣。然神經怪牒玉策金繩闕局於明靈之府對膝於瑤壇之上。靡得而窺也至乃河洛之文龜龍之圖箕子之術師曠之書緯候之部（祖縣按侯即尚書中侯之類。）鈐決之符皆所以探抽冥賾參驗人區時有可聞者矣。祖縣按史言如河洛等類之書。典籍尚可見之非祕本也。其流又有風角遁甲七政元氣

六日七分逢占日者挺專須臾孤虛之術及望雲省氣推處祥妖亦有以效事也。

讀此文知漢時河洛之文不獨卓犖成家。亦視為恆事更證之諸子路史注引壺子云。（壺子未詳何人侯部引尸子伏羲始畫八卦別八節而化天下文相似。考北堂書鈔歲時）

伏羲法八極作八卦黃帝體九竅以定九宮皆近取諸身遠取諸物。

管子小匡篇云。

河出圖洛出書。

墨子非攻篇云。

河出綠圖（祖縣按綠即籙音通。地出乘黃。

莊子天運篇云。

九洛之事治成德備。

注云。

九洛即洪範九疇禹時洛出之書。

呂氏春秋恃君覽云。

綠圖幡薄從此生矣。

呂作綠。祖縣按．洛綠音．與墨子同大戴禮明堂說云。

二九四句．七五三句．六一八句。

即九宮之法與今人以為宋人偽造為洛書者方位數自相同淮南子俶真篇云。

洛出丹書河出綠圖。

桓譚新論說見前漢人能知五行者惟王充論衡虛篇云。

夫雷火也氣剡人。祖縣按．友人孫仁和論衡舉正．據玉燭寶典正也字衍是也。

人不得无跡。如炎處狀爻爻字人見之謂天記藝

其過以示百姓是後麀妄也使人盡有過天用雷殺人殺人彰章其惡以懲其後明著其文字不當

闇昧圖出於河書出於洛河圖洛書天地所為人讀知之今雷死之書亦天所為也何故難知。

讀充論。知河圖洛書在漢時易讀之者人多知之非玄文可知。又感虛篇云。

傳書言倉頡作書天雨粟鬼夜哭此言文章與而亂漸見其妖變致天雨粟鬼夜哭也。夫言天雨

粟鬼夜哭實也言其應倉頡作書虛也。夫河出圖洛出書聖帝明王之瑞應也。圖書文章與倉頡所

作字畫何以異天地為圖書倉頡作文字業與天地同指與鬼神合。何非何惡而致雨粟神哭之怪。

使天地鬼神惡人有書則其出圖書非也。

王充言圖書文章與倉頡所作字畫何以異則圖書漢人多習見之可知惠棟以為漢以來並未有圖書

之象夫子曰河不出圖東序河圖後人安得見之其說更陋文正說篇云。

說易者皆謂伏羲作八卦文王演為六十四。夫聖王起河出圖洛出書伏羲王河圖從河水中出易

卦是也。祖縣按王氏此的句。禹之時得洛書嘗從洛水中出洪範九章是也。祖縣按王氏此語與劉歆同。故伏羲

以卦治天下禹以治洪水古者烈山氏之王得河圖夏后因之曰連山烈山氏之王得河圖。

殷人因之曰歸藏伏羲氏之王得河圖周人曰周易其經卦皆六十四文王周公象十八章究六爻。

祖縣按周公象易王充此論及之象十有八卦。世之傳說易者言伏羲作八卦不實其本則謂伏羲真

象下有脫文疑即繫辭十有八變而成易也。證河圖即易卦也。

作八卦也。伏羲得八卦非作之文王得成六十四非演之也演作之說生於俗傳苟信一文使夫真

是羲滅不存既不知易之為河圖又不知存於俗何家易也。或時連山歸藏或時周易棠禮夏殷周

三家相損益之制較著不同如以周家在後論今為周易則禮亦宜為後禮六典不與今禮相應今

禮未必為周則亦疑今易未必為周也案左丘明之傳引周家以卦與今易相應殆周易也

王充此言河圖與俗家易相提並論足證漢時河圖之說普周於藝林矣餘如子華子等書後人以為偽

可不引至漢人之賦引之者如揚子雲覈靈賦曰

大易之始河序龍馬洛貢龜書　按賦佚文選陸佳石闕銘注

張衡東京賦

龍圖援義龜書畀夠

綜以上諸說論斷之則河圖漢人斷定為八卦洛書斷定為九疇即九宮似无疑義至龍圖龜書之說跡

近神話曰龍圖曰龍馬出河曰龍馬負圖取八卦成列之名而言是作卦時定南乾北坤之位也按與說

地定位乾天也象龍坤地也象馬南北相對故曰負訓背負者對也乾坤角而為天地定位洛書即洪

範九疇大戴禮明堂位呂覽十二紀禮記曲禮並言前朱雀而後玄武左青龍而右白虎其數其位漢儒

已明白言之所謂龜書者即說卦帝出乎震一章今洛書之位離南坎北數起於一居坎位故曲禮諸

書謂之玄武呂覽孟冬紀云

其日壬癸　祖線按高誘注壬癸水日說卦傳坎為水其神玄冥

玄武即玄冥水神之名後漢書張衡傳注云。

玄武謂龜蛇也。

又馮衍傳注云。

玄武謂龜蛇。

玄武龜也位在北方故曰玄。

又王梁傳注云。

玄武北方之神龜蛇合體

三注均誤以龜蛇釋曲禮鄭玄注以此四獸為軍陳象天也如玄武為龜蛇則為五獸矣正義云。

玄武龜也龜有甲能禦武用也。

其說是洛書之數自玄武始故曰龜書繫傳下曰。

古者庖犧氏之王天下也仰則觀象於天俯則觀法於地觀鳥獸之文與地之宜近取諸身遠取諸物於是始作八卦以通神明之德以類萬物之情。

言伏羲畫卦如此未言四圖書而畫卦也此圖此書聖人則之並未言聖人則此圖此書然後畫卦又疑所謂龜書者蓋古時鐫石之工未精將初一曰五行至威用六極六十五字按六十五字言九疇之數與方位與洛書同。鐫之

甲骨禹治水浮洛而得之因文字在龜甲故曰龜書得之於洛故曰洛書亦未可知洪範云。

箕子乃言曰我聞在昔鯀陻洪水汩陳其五行帝乃震怒不畀洪範九疇彝倫攸斁、祖縣按帝五帝以天釋帝誤。鯀則殛死禹乃嗣興天乃錫禹洪範九疇彝倫攸敍。之名此帝字乃堯也孔安國傳。

細繹其文知堯尚有洪範九疇禹繼鯀治水浮洛而又得九疇足證九疇當時流傳人間者則非絕无否則不必言帝乃震怒不畀洪範九疇又河圖洛書漢人類能知之宋人仍其名而未驗其實清之治漢學

者疏於稽考惠棟竟以為漢人所未言是陳摶之創見皆其失也。

總之河圖即八卦洛書即九疇為治易之大要不明河洛即不能知易之所以然之理河圖洛書是三畫之卦不是六畫之卦河圖言位洛書言數歸藏橫圖排列之次第與周易上下二卦之連繫全出河圖至

九宮九九之數非洛書不能成今以經緯史子漢賦之言以證河圖洛書之非偽也。

第五章　河洛發微

一、八卦圖考

說卦傳帝出乎震一章，述八卦方位甚詳，自漢以來，凡律歷禮樂咸宗之，至宋以天地定位一章別出一圖，於是八卦圖有二，一為乾上坤下，一為離南坎北，名乾上坤下之圖為先天圖，離南坎北之圖為後天圖。其圖起於何時，則不可考。然先天後天之說，始見於典籍者為文言之先天而天不違，後天而奉天時兩句。漢儒發其端者為服虔荀九家首爽虞翻，且虞氏之說，又與圖合，宋時雖先後天之圖盛行，而先後天圖之出此二句，均未揭而出之，至清木國瑚周易恉注此二句乃言曰。

易中凡言先後，皆以先天後天為義。

先子謂斯言也，發先人所未言，易之大義，一言包括盡之矣。推重如此。正義左傳昭二十有九年引服虔注其同人云。

見龍在田曰天在上，火炎上，同于天，天不可同，故曰同人。

李氏集解引荀九家同人象注云。

謂乾舍於離同而為日，天日同明，以照于下，君子則之，上下同心，故曰同人。

又同人象李氏集解引荀爽注云。

乾舍于離相與同居，故曰同人也。

又荀爽注乾卦文言。水流濕火就燥云。

陽動之坤而為坎陰動之乾而成離。

以各注觀之即言說卦傳天地定位一章之卦位變帝出乎震一章之卦位是以宋人名之先天後天定名之初不可攷而其位與說卦傳合不妨仍借其名以便學者記憶先天之乾即後天之離服虔所謂火炎上同于天荀爽所謂陽動之坤而為坎也又左傳閔二年遇大有之乾云同復于父敬如君所按後即覆火而後于乾指離後于乾先天同位乾為父故曰同復于父閔元年遇屯之比者坎坤亦先天同位坤為母故曰母覆之僖十五年遇歸妹之睽歸妹震上兌離上離震先後天同位也故曰震之離亦離之震其餘可徵引者多茲不贅觀此則先天後天之方位可不籍乎圖學者可自明矣。

二 先天後天圖考

王充論衡初稟篇云。

夫大人者與天地合其德與日月合其明與四時合其序與鬼神合其吉凶先天而天弗違後天而

奉天時如此須天有命乃以從事安得先天而後天乎以其不待天命直以心發故有先天後天之

勤之誤管子動作勤言合天時故有不違奉天之文論語曰大哉堯之為君唯天為大唯堯則之王（祖緜按勤疑動字）

者則天不違奉天之義也推自然之理與天合同是則所謂天命文王也

又寒溫篇云。

夫大人與天地合德先天而天不違後天而奉天時洪範曰急恒寒若舒恒燠若如洪範之言天氣

隨人易從當先天而天不違耳何故復言後天而奉天時乎後者天已寒溫於前而人賞罰於後也

由此言之人言與尚書不合一疑也。

細繹充論如漢時先天後天之說盛行故充疑而衡之至先天後天有圖與否語焉不詳然其對作論云。

易言伏羲作八卦前是未有八卦伏羲造之故曰作也文王圖八自演為六十四故曰行。

伏羲作卦有圖茲姑不論而文王有圖據王充之說已班班可攷矣合之虞翻易注更可探賾索隱

焉虞翻乾文言先天而天不違注云。

乾為天為先大人在乾五乾五之坤五天象在先故先天而天弗違（祖緜按惠棟周易述改虞注為乾九二在先故曰先天而居坤）

五故天弗違坤六五在後故曰（後天降居乾位故奉天時悖矣）

67

按先天之圖後人以為與說卦天地定位一節合是圖以乾居首以象天故虞翻以乾為先又虞翻注後

天而奉天時云奉承行乾四祖緣按張惠言周易四字貳改虞氏易增四字今從之之坤初成震

震為後也震春兌秋坎冬離夏四時象與故後天而奉天時謂承天時行順也

祖緣按後天之圖震春兌秋坎冬離夏後人以為與說卦帝出乎震一節合是後天之圖以震春始由震

春而離夏由離夏而兌秋由兌秋而坎冬承天時行故虞氏以順釋之後春為始故虞氏以震為後也即

後天以震為始之意。

三、先後天圖不始陳摶考

先後天之圖後人以為始於陳摶摶得之於道家考乾鑿度注云。

庖氏建治於宛丘今宋國陳留縣有八卦臺運著圖日月朝神記縛章冠服天一太一冊在

雖未能決定為先天後天二圖然有圖可河圖或以乾坤鑿度為偽書其說不足徵而宣和博古圖及金石

索載歷代諸竟如六朝百鍊竟唐有二十八宿竟唐二十八宿竟二唐透鏡又八卦竟又八卦菱花竟均

為後天八卦圖又河南陳州睢寧縣西南三里許伏羲朝前有臺曰八卦臺上有石刋圖路史禪通紀太

昊上注云。

世紀天皇庖犧徙治陳倉地非陳國則必宛丘矣然列代以宛丘為太昊之虛今宛丘北一里有伏

羲廟八卦壇。

寰宇記亦云。

伏羲於蔡水得龜因畫八卦之壇有長史張齊賢文李邕易之。

然九域志陳蔡俱有八卦壇此後人之附會按姚薛亦云黃帝都陳者則羲皇俱在西方矣豈其先後徙

邪考諸圖均在宋之前而陳博之圖或出于此未可知也。

至直揭為易圖者在唐以前漢書藝文志易十三家內載圖一是漢時已有圖矣又後漢紀建武四年桓

譚上書云。

或收古之圖書增益造飾稱孔子並為讖語以誑人王。

祖緣按東漢初讖緯之說盛行依附古之圖與書今雖不可見亦足徵漢時有圖矣隋書經籍志云。

易類梁有周易乾坤三象周易新圖各一卷又有周易普玄圖八卷薛景和撰。

是易之有圖可證在唐以前矣全祖望讀易別錄云。

周易新圖一卷隋志誤入經部。

又云。

三易新論

69

薛景和周易普玄圖八卷隋志誤入經部。

按全祖望以為五行家言非儒家言不知儒說文術士也普玄圖至八卷之多讀其卷數其圖之多可知。

長孫氏隋書藝文志易類列圖及五行類列圖與易類似之圖尤多（祖縣按五行類所列各圖用易名者有九宮變圖一卷九宮圖一卷九宮圖一卷易八卦命錄圖一卷其小注深有易八卦必有一定之理全祖望斷為誤列不免）

卜卦蟠龍圖一卷易通卦驗玄圖一卷易通統圖二卷易新圖序一卷易通統圖一卷周易分野星圖一卷（祖縣按見人引書中有圖每刪去古人精華盡失而易尤亡）

五行圖周易斗圖一卷易統八卦斗內圖二卷周易斗內圖二卷周易斗中八卦絕命圖各一卷（何以有列於易類有列於五行類必有）

周易斗中推遊年圖各一卷（何以有列於易類）

無稽古之圖籍亡者甚多惜不可得耳。

或曰子以六朝與唐時竟為證何以漢魏之鏡金石書所載甚夥竟用十二辰而不用卦曰漢人重十二辰律歷志可考也然十二辰出於卦劉熙釋名釋天云

子孳也陽氣始萌孳生于下也於易為坎坎陰也丑紐也寒氣自屈紐也於易為艮艮限也時未可聽物生限止之也卯冒也載冒土而出也於易為震二月之時雷始震也已也陽氣舉布已也於易為巽巽散也物皆生布散也午仵也陰氣從下上與陽相仵迸也於易為離離麗也物皆附麗陽氣以茂也酉秀也秀者物皆成也於易為兌兌說也物得備足皆喜悅也

以釋名明之可不必有卦圖而圖自在並可知卦與辰合則漢竟之用十二辰猶用八卦耳或又曰釋名

既言辰何以不言日答曰十日中惟壬言之曰壬壬也陰陽交物懷妊也至子而萌也祖縣按十日之壬

癸十二辰之子於易為坎至壬而萌子與壬比.故曰至子而萌至東方朝神異經云.

東方有宮.……題曰天地長男之宮震.西方有宮.……題曰天地少女之宮兑.中央有宮.……題曰

天皇之宮南方有宮.……題曰天皇中女之宮.北方有宮.……題曰天地中男之宮坎.東南有宮

隱然是一卦圖惟文有奪訛如天皇中女之宮疑作天地中女之宮東南有宮至題曰地皇之宮中脫幸

……題曰天地少男之宮西北有宮.……題曰地皇之宮.

東北有宮故文錯亂又如十洲記云

玄洲在北海之中戌亥之地長洲一名青丘在南海辰巳之地生洲在東海丑寅之間聚窟洲在西

海中申未之地崑崙在西海之戌地北海之亥也.

蓋世代日進非八方所能該乃益之以十丘十二辰四維故廿十洲記又云.

天地設位物象之宜上聖觀方緣形而著爾乃處玄風于西極祖縣按乾坐王母於坤鄉昆吾鎮於

流澤流澤兑也扶桑震也植于碧津離合火生而先獸生于炎野炎野南方也.坎總聚陰是以仙都宅於海島.

民位名山蓬生鎮於寅丑.寅丑于易為艮.巽體元女.女元長.巨木養于長洲辰巳之地.辰巳于卦為巽.長洲本記長洲一名青丘在南海高

風鼓於辟龍之位暢靈符于瑕丘至妙深幽神難盡真人隱宅靈陵所在六合之內蓋唯數處而已

哉.

此二書雖為六朝人所偽造究為六朝以前人語於後天之位據寶而言之是非擬議之言可比也言雖

不經亦足見當時俗家之說有合於易理。

隋書及此史王劭傳云。

時有人於黃鳳泉浴有二白石頗有文理遂附其文以為字復言有諸物象而上秦曰其太玉有日

月星辰。八卦五岳及二麟雙鳳朱龍朱雀騶虞玄武各當其方位又有五行十日十二辰之名凡二

十七字又有天門地戶人門鬼門閉北字又有二烏其烏皆人面則抱朴子所謂千秋萬歲

者也。

二史作王劭傳者皆為唐人以此證之八卦當其方位即有圖之證而後人云出于陳摶者實誤。

四. 河洛之轉變

河圖即先天洛書即後天先後天之說見於文言在繫辭易有太極是生兩儀兩儀生四象四象生八卦

一節將兩儀四象八卦排列之如甲圖清毛牲等闢之或以為陰陽太陽少陰少陽太陰 見楷覽圖春秋

章及漢書之名未見易之經傳繫傳所云非甲圖也兩儀宜作天地解四象宜作四時解夫兩儀者陰陽 律歷志

也四象者兩兩儀也若圖於天地拘泥于四時皆迂由是觀之四象生八卦則可四時生八卦則不可。

甲　圖

八卦　乾　兌　離　震　巽　坎　艮　坤

四象　太陽　少陰　少陽　太陰

兩儀　陽　陰

太極

太極一生兩儀二兩儀二生四象四四象四生八卦八以甲圖觀之

排列之次一乾二兌三離四震五巽六坎七艮八坤其序井然雖易

之經傳未明言之而二二為乾二二為兌二二為離二二為震二二

為艮二二為坤易經已標其名讀易者均能識之如是按甲圖而讀之

是八卦之生出於四象四象出於兩儀兩儀出於太極明矣

乾鑿度引孔子云

易始於太極太極分而為二故生天地天地有春秋冬夏之節

故生四時四時各有陰陽剛柔之分故生八卦八卦成列天地

之道立雷風水火山澤之象定矣其布散用事也震生物于東方位在二月巽散之于東南位在四

月離長之于南方位在五月坤養之于西南方位在八月乾制之于西北方位在十月坎藏之于北

方位在十一月艮終始之于東北方位在十二月八卦之氣終則四正四維之分明生長收藏之道

備陰陽之禮定神明之德通而萬物各以其類成矣皆易之所包也至矣哉易之德也

禮運云

夫禮必本於太一分而為天地轉而為陰陽變而為四時列而為鬼神其降曰命其官於天也

三易新論

董仲舒春秋繁露五行相生文云。

天地之氣合而為一分而為陰陽判而為四時列而為五行行者行也其行不全故謂之五行五行

者五官也。

此三說禮運春秋繁露與繫傳易有太極一節合乾鑿度之說與說卦帝出乎震合然猶以為漢儒說經

者未得取信於學者爰引先秦諸子先秦諸子言太極兩儀莫如呂覽大樂篇為備其言云。

太一出兩儀兩儀出陰陽陰陽變化一上一下合而成章渾渾沌沌離則復合合則復離是謂天常。

與繫傳雖未全合是兩儀之為陰陽實无可疑惟乾鑿度禮運春秋繁露以四為四時解則立說過窄而

唐王勃八卦大演論言先天卦位至詳見王子安集。惜其文有脫奪處。

或曰上所述者擬議之為後天卦位而先天卦位乾一兌二離三震四巽五坎六艮七坤八亦未能相合

合答曰漢書郊祀志云。

王莽又奏曰類於上帝禋於六宗歐陽大小夏侯三家說六宗皆曰上不及天下不及地旁不

及四方在六者之間助陰陽變化實一而名六名實不相應禮記祀典功施于民則祀之天文日月

星辰所昭仰也地理山川海澤所生殖也易有八卦乾坤六子水火不相逮山澤通氣然後能變化。

既成萬物也。

按王莽奏書在建平之時，歐陽大小夏侯氏之學皆出於兒寬在武帝時距建平時約二百年矣其說也

決其非劉歆所偽造即歐陽後人有事王莽者而後漢書祭祀志章懷太子注以為歐陽和伯夏侯建之

言非其後人可證其注云。

此明證也周禮春官宗伯賈公彥疏謂。

六宗上不謂天下不謂地旁不謂四方在六者之間助陰陽變化者。

劉歆孔昭[孔晁即]以為震巽等六子之卦為六宗誤。

非也且誤解漢書郊祀志原文上不及天者天位乎乾也下不及墬者地位乎神也旁不及四方者不以

後天之卦東震西兌南離北坎而以乾坤統六子故曰在六者之間則先天之位班班可考矣直按之晉

王嘉拾遺記者皇庖犧調和八風以畫八卦分六位以正六宗其說相合

或曰既云四象生八卦何以繫傳不云八卦生六十四卦然繫傳有之八卦而小成所謂小成者猶未能

盡萬物之理可知至六十四卦上經得三十卦下經得三十四卦合之得六十四卦此六十四卦乃是八

卦所生且繫傳云

乾之策二百一十有六坤之策百四十有四凡三百有六十當期之日二篇之策萬有一千五百二

十當萬物之數也

則八卦生六十四卦傳雖未表而出之而上下經篇名彰彰具在以策數合之无不適合。

先後天之圖近人多以為出于道家非也余初亦疑之。　先子在京識白雲觀中人得讀全藏在自得

齋雜著云。

道藏實无足觀後余至北京寓白雲觀凡四月閱畢至道藏中洞真部戒律威儀方法盡以符呪法

錄依附佛教其陋極洞元同神二部更不足觀老列莊周淮南伯陽抱朴諸書為藏中巨擘余嘗謂

讀一全藏不如讀史記封禪書漢書郊祀志二篇至周易在道藏著錄各書洞元部陽字號六卷內

周易圖三卷大易象數鈎深圖三卷又洞部虛字號計十一卷易數鈎隱圖三卷易數鈎隱圖遺論

九事一卷易象圖說內外篇六卷元十子圖一卷又太玄部洞元部蕩字號有易外別傳一卷易

筮通變三卷易圖通變四卷灾異清部情字號逸字號有太原發微十八卷板本雖不同而其書均坊間

通行本也至尤奇者儒家以為先天後天之說出于道家以為出于邵子邵子為真人怪誕

甚矣而宋文鑑所載陳摶易龍圖原藏中亦未收至此先後天之圖出乎道家之證據亦未能明確。

世人多以乾一兌二離三震四巽五坎六艮七坤八之數為疑然此之一二三四五六七八非數也乃兩

儀生四象四象生八卦之次序爾　先子周易示兒錄中編第九章有云。

先天由一至四由五至八今人呼為乾一兌二離三震四巽五坎六艮七坤八者也凡卦數奇為陽。

76

稱為陰而先天无陰陽之別世多歧之其實卦自卦數自數二者不能相混世人讀乾一兌二不過

取讀之易耳先天爻象用數有用先天數者以數代之而已。

此言先天即歸藏之次第亦即橫圖第四層與周易異。

乙
圖

乾一

說卦傳。

天地定位山澤通氣雷風相薄水火不相射八卦

相錯

按兌云相錯天地定位則乾坤相錯山澤通氣則艮兌相錯雷風相薄則震巽相錯水火不相射則坎離相錯。

錯即對待如此即可以圖擬議之。如乙孔疏云

聖人重卦令八卦相錯乾坤震巽坎離艮兌莫不

交互而相重以象天地雷風水火山澤莫不相錯。

則易之爻位與天地等。

按孔疏以為重卦可以八卦相錯推而通之則天地定位一章可以擬議為先天圖而與虞翻先天而天

不違注合其次序即甲圖也繫傳所謂八卦成列者是如在六畫之卦乾坤相錯為泰泰者陰陽相交三

上兩爻之變為損三三即山澤通氣也以三畫之卦言之即乾坤之三索也泰初四兩爻之變為恒三三即

雷風相薄也以三畫卦言之即乾坤之一索也泰二五之變為既濟三三以三畫卦言之即乾坤之再索

也乾坤相錯而為泰由泰之變初四應三上應二五應以成山澤雷風水火反之泰為否由否之變而成

雷風水火山澤亦如是故乾坤鑿度曰乾坤對大易興者是至虞氏注八卦成列象在其中云

象謂三才成八卦之象乾坤列東艮兌列南震巽列西坎離在中故八卦成列則象在其中天垂象

見吉凶聖人象之是也

按虞氏此注圖于納甲之說者乾納甲坤納乙也甲乙在東方艮兌列南者艮納丙兌納丁也

丙丁在南方震巽列西者震納庚巽納辛也庚辛在西方坎離在中者坎納戊離納己也戊己位中央夫

十日之起原在卦位已定之後不能于卦位未定之前舍卦位而先論十日此虞氏之大誤且乾甲坤乙

之說推震春離夏兌秋坎冬又不能通矣以納甲證此所謂者小不如用乙圖之為愈也或曰即有先天

之說虞氏以納甲為證則先天出于納甲无疑義曰納甲之說虞氏注參同契陸德明釋文引之

易盈虛反此經名也虞翻注參同契云字從日下月

今虞注參同契不可見虞氏易注中如坤卦辭注及乾坤列東之語細讀其全注並非以納甲之說為易

之指歸至惠棟漢易學卷三說虞仲翔學五位相得而各有合節內載一圖惠棟云

右圖見宋本參同契當是仲翔所作。

先子讚其武斷見惠棟易漢學正誤而其所注易例亦引虞翻注參同契其文開宗明義即云。八卦由納甲而生執

此以解易道隘矣或又曰繫辭是故易有太極太極生兩儀兩儀生四象四象生八卦虞氏注云。

太極太一也。分為天地故生兩儀也。四象四時也兩儀謂乾坤也乾二五之坤成坎離震兌震春兌

秋坎冬離夏故兩儀生四象備故象獨稱天地之大義也。四象乾二五之坤則生震坎艮坤

二五之乾則生巽離兌故四象生八卦乾坤生春艮兌生夏震巽生秋坎離生冬者也。

是兩儀為乾坤四象為四時之明證答曰二儀四象呂氏春秋云。

離而復合合而復離。

是以天地乾坤動靜剛柔日月寒暑男女均可以兩儀象之四時四方等均可以四象象之繫傳云廣大

配天地乾坤大生坤廣生是以乾坤配天地所謂配字其義可知又云變通配四時何以不曰陰陽配四時

又云陰陽之義配日月何以不曰四時配兩儀又云慄之以四以象四時則以四可象四時非謂四

即四時也又云是故四營而成易何以不曰四時而成易又云變通莫大乎四時可知四時由繫文化而來。

則四時與四象固有別且古者庖犧氏之王天下也。一節虞翻注云。

謂庖犧觀鳥獸之文則天八卦效之易有太極是生兩儀兩儀生四象四象生八卦八卦乃四象之

所生。非庖犧之所造也。故曰象也者象也。則大人造爻象以象天卦可知也。而讀易者咸以為

庖犧之時。天未有八卦恐失之矣天垂象示吉凶聖人象之則天已有八卦之象。

細繹是注知四時象也效四象而成四時而已。

或曰漢書律歷志言四象拘以四時言答曰否律歷志四象四時並提不過律歷志不以河圖立說而以

洛書立說讀時當細別之茲節錄其言曰

以陰陽言之大陰者北方。……於時為冬。……少陰者西方。……於時為秋。……太陽者南方。……於時

為夏。……少陽者東方。……於時為春中央陰陽之中。……於時為四季土。……陰陽之義四方四

時之體五常五行之象顧法有品各順其方而應其行。……

觀此可知四象係廣義四時為狹義也太平御覽百四十六卷引千寶周官天官家宰辨四方位注云。

辨方謂別東西南北之名以表陰陽也正位謂若君南面當陽臣北面即陰居后於北以體太陰居太

子於東宮以位少陽之數。

則全以方位釋太陽少陰少陽太陰之名史籍亦載之矣。

孔疏以聖人重卦令八卦相錯如乙圖乾坤錯為天地定位乾錯坤三三為否坤錯乾三三為泰艮兌錯

為山澤通氣艮錯兌三三為損兌錯艮三三為咸震巽錯為雷風相薄震錯巽三三為恒巽錯震三三為

益。引而伸之即為虞翻先天而天不違之注乾五之坤五成坎之理可以相通。

後天卦位其原出於說卦傳。

帝出乎震齊乎巽相見乎離致役乎坤說言乎兌戰乎乾勞乎坎成言乎艮。

而干寶周禮注引云。

此連山之易也。

羅泌路史發揮亦云。

夫易之古莫古于連山是則說卦記載此文意者其引用連山乎。

干寶羅泌二說皆論此八句係洛書之位連山亦從歸藏消息而來桓譚新論云連山八萬言蓋後漢時此書尚存桓譚猶見之爾此八萬言疑即連山之繇辭而虞翻後天而奉天時注云。

震春兌秋坎冬離夏之四時。

與說卦帝出乎震章及震東方之卦也章合且謂乾四之坤初成震震後也夫震何以為後與震春之說悖彼所謂震為後者是言震在後天卦位以四時象具言之震為首也。

欲明象非先識數不可不明乎數即不能推象漢書律歷志云。

伏羲畫八卦由數起。

是為數與卦不能相離之明證又云。

天之數始于一終于二十五。……終天之數得八十一。……地之數始于二終于三十。……得六十。

……人者繼天順地序氣成物統八卦調八風理八政正八節諧八音舞八佾監八方被八方以終

天地之功故八八六十四其義極天之變。

可知數分天地人三才所謂天數始于一終于二十五者即繫辭傳天一天三天五天七天九合之為二十五所謂地數始于二地四地六地八地十合之為三十所謂人數即八卦因

而重之數即六十四卦是也調八風等雖可附會卦理然均出勉強。

或曰天數八十一地數六十從何起乎曰漢書律歷志云。

天之中數五。

韋昭注云。

一三在上七九在下。

此說是也蓋以一因三為三以三因三為九以三因九為二十七再以三因之得終天之數八十一以三

因之者用參天也律歷志又云。

地之中數六。

二四在上八十在下。

斯二因二為四二因四為八二因八為十六去十之數不用數也·即地得六·以十因六得六十此終地之數

也以二因之者用兩地也以此求之則天地之數明。

易以乾為天以坤為地而无人卦然六十四卦中无卦非人事三百八十四爻中无爻而非人事形而下

者謂之器言人能終天地之功形而上者謂之道言人能極天地之變通變成文極數定象惟人而已故

先天何以變後天先天何以通後天是一貫三極之道三才為天地人即繫傳以三畫之卦初為地二為

人三為天以六畫之卦言之初兼二為地三兼四為人五兼六為天三才漢書律歷志謂之天道地道人

道是三才在漢時定為固有之名詞後又加三統之說妄謂天開於子地闢於丑人生於寅以三才依附

殊非在乾鑿度以氣質形三者形容天地人三者以氣擬議天以質擬議地以形擬議人其說較為確當

而其結論揭出易无形畔无形埒·下卷作易·把形字拋去而氣質二者更不顧及此古時立說首尾不能相應之

大病在鄭玄注乾之九二乾之九三乾之九五云。

二於三才為地道三於三才為人道五於三才為天道。

虞翻注乾文言是故居上位而不驕云。

三易新論

83

天道三才一乾而以至三乾成故為上。

又引而申之觸類而長之注云。

引謂庖犧氏引信三才兼而兩之以六畫觸動也。

侯果注乾文言上不在天下不在田中不在人云。

案下繫易有天道有地道有人道兼三才而兩之謂兩爻為一才也。初爻二地也。二兼四人也。五兼六天也。

以此證之先天後天之淵源自明故乾鑿度云。

八卦之變象感在人。

丙　圖

先天變後天即河圖變洛書其功用在三才令將乙圖變為方圓二圖以圓象天即繫辭所謂著之德圓而神以方形地即繫辭卦之德方以知令列圓圖（丙圖）如上。

六畫之卦三才之道備已見前說至于三畫之卦初為地二為人三為天乾天也坤地也乾坤之初三兩爻為

天地其中爻為人坎中爻之陽爻即乾中爻之陽爻也今以剛柔相推之理推而至于坤爻之中爻即為

坎離中爻之陰爻即坤中爻之陰爻也今以剛柔相推之理推而至于乾之中爻即為離乾坤本純陽獨

陰今以相推之故然後能生生不息人道始備故上經始乾坤終坎離而乾離交互坤坎交互即乾坤二

五兩爻之變合六畫成卦是為水火既濟☵☲反之為水火未濟☵☲故下經終既濟未濟虞翻注乾文

言先天而天不遺云。

乾五之坤五。

又離注云。

坤二五之乾與坎旁通。

又坎注云。

乾二五之坤與離旁通。

可知虞翻已揭其原人病不求其陰陽互易乾之離陽之陰坤之坎即陰之陽乾天道坤地道今之坎離。

人道也坎離居先天乾坤之位是為先天變後天之第一變如丁圖。

乾天坤地以二五兩爻之變化而為坎離由天道地道而為人道後天之卦位已得其二然上經始乾坤

終坎離下經終既濟未濟一部大易始終无遺而三才之道卷卷備惟著之德圓而僅得其半由此再推戊

戊圖

丁圖

圖以盡人道此。水火不相射此。水火本相射、相射相厭此也。坎離相錯而成既濟者陰陽燮理焉

得謂之不相射也。圓圖順行離上坎下而得水火未濟

濟者卦不當位故以不相射形容之。離上爻變為震。天

道也。坎之初爻變為兌。地道也。既濟未濟兩卦專言人

道者卦在天地之中。能終天地之功極天地之變者

此令離變震以應天道坎變兌以繼地道震兌≡≡為

雷澤歸妹為兌宮之歸魂以八宮論六十四卦之末從不

圖也。故其象云。
橫……

又云。
天地之大義也。

歸妹人之始終也。
坎離相推而成歸妹而人道備故虞翻注云。
震東兌西離南坎北六十四卦此象最備四時正
卦。故天地之義也。

86

反之兑震☱☳為澤雷隨。為震宮之歸魂。隨之象云。

而天下隨時。

虞翻注云。

乾為天坤為下震春兑秋三四之正坎冬離夏四時位正時行則行故天下隨時。

按易用之字指變言三四之正猶言三爻變四爻變而得正也先天之坎離三四兩爻變坎為兑離為震。

坎冬離夏四時位正者位ᄆ乾坤之位說卦所謂天地定位之位者是乾坤之位離坎舍之得冬夏之時。虞翻此

故曰位正。此為坎離震兑震春兑秋坎冬離夏。故兩儀生四象歸妹卦備故象獨稱天地之義也。虞翻此

注與丁戊二圖合又重言獨字則先天變後天之則虞翻已發洩其理惜辭晦澀學者未易求之此震

圖 己

兑☱巽☴　坎☵艮☶　震☳　離☲

兑居先天離坎之位是為先天變後天之第二變因象天

故先天之陰陽與後天必互易至此乃言地道地道方也。

故以方象之，如己圖。

天道圓陰陽變易地道方陰陽不易方者其相推之法亦

與圓異圓者以神方者以知此為推求之公式，如己圖兑

三與震☳巽☴與艮☶各居一邊故兑與震互巽與艮互

三易新論

而其進退仍即既濟之道因非既濟之理不能盡天人之應即不能有變化之功如兌三與震三相互為

澤窪隨隨震之歸魂猶震也反之為雷澤歸妹三三歸妹兌之歸魂猶兌也兌與震者即為後天卦位第

二變兌秋震春之正以兌震相錯三四兩爻變為水火既濟三三三四人道從既濟初上兩爻變為漸

三三漸艮之歸魂也初爻為地上爻為天而三才悉備由兌變巽由震變艮居先天兌震之位為先天

變後天之第三變先天之巽後天之坤女由長女而為母矣為陽消先天之艮變為後天之乾男而少

男而為父是為陰息巽與艮互而其進退仍非既濟不可不以既濟之理即不能窮變化之功如三巽與

艮三相互為風山漸艮之歸魂也猶艮與巽者即為後天卦位第三變漸初上兩爻變為水火既濟

三三三天道也地道也復從既濟二五兩爻變爻為地天泰三三五人道也復歸于乾坤乾坤居先天艮巽

之位是為先天變後天之第四變。

凡此四變第一變乾坤退而坎離進第二變坎離退震兌進第三變震兌退而巽艮進第四變巽艮退而

乾坤進原始要終即繫辭傳所謂陰陽不測之謂神繫辭云。

上古之聰明睿知神武而不殺者夫。

虞翻注云。

謂大人也庖犧在乾五動而之坤與天地合聰明在坎為聰在離為明神武謂乾睿知為坤乾坤坎

圖　辛　　　　　圖　庚

離反復不衰故而不殺者。

虞氏所謂乾坤坎離反復不衰即乾鑿度所謂子受父母之位行父母之事。

圓方兩圖合即繫辭所謂範圍天地而不過曲成萬物而不遺者是所謂引而伸之觸類而長之者是所謂變通者趣時者也者是圓者變易故謂之神方者不易故謂之知以圓容方三才之道見（庚圖）細讀虞翻易義知先天後天之說虞翻已得本原非起於宋時也。

第六章　太極義證

一　太一　太極　釋義

大一太一，即太極二者古籍多互引繫辭云。

是故易有太極太極生兩儀兩儀生四象四象生八卦。

禮記禮運篇云。

是故夫禮必本於大一。分而為天地轉而為陰陽變而為四時。

義與繫辭同天地陰陽古時皆作兩儀解四時作四象解莊子大宗師出太極天下篇出太一大宗師云。

夫道有情有信無為無形可傳而不可受可得而不可見自本自根未有天地自古以固存神鬼神帝生天地在太極之先而不為高在六極之下而不為深先天地生而不為久長於上古而不為老。

天下篇云。

建之以常無有主之以太一。

莊子兩說前一說以高釋極得極字之意後一說建之與主之常無有與太一皆相對為文近人譚戒甫

莊子天下篇校釋云

常無太一對文有讀為又此謂二子充其所修既立以常無又主之以太一也自來學者皆讀常無

有為句讀疑不然 華中日報社印 本二十二頁

譚說有字讀又非是常無有三字太一兩字相對為文先秦此種句法不勝校舉且常無有承老子第一

章注分章 故常無欲以觀其妙常有欲以觀其徼而來者以今人之行文法例之當作常有無四字

而莊子作常無有三字是簡而言之莊子天下篇出太一呂氏春秋大樂篇亦引太一其言云

音樂之所由來者遠矣生於度量本於太一太一出兩儀兩儀出陰陽高誘注兩儀天地也出生也祖孫按高注以兩儀為天

地所指者猶如晝夜寒暑男女雌牝皆可作兩儀解儀度也詩曹風鳲鳩其儀不忒可證也陰陽變化一上一下合而成章

渾形也祖孫按坤六三合章可貞以美釋章義亦欠明在詩章句篇名號已章注章明也又知以明兩則明兩則明狂釋之為狂注

明情者也亦一旁證下注出七个一字結句又云聖人故知一則明兩則明狂釋之謂非章解者之心不能審得央之地則謂之狂與明

相對為言若能鑒度之明渾成而未相離注一本渝作池是謂天常注天之常道近屯離讀如昆夷池之池祖孫按注渾讀近

注釋渾池二字渾渾池池離則復合合則復離注渾池離謂之常近屯離散合會祖孫按注常典法也祖孫按注

故曰渾池渾池者言具而未形注渾作池非是謂天常注天之常道... 忘絕靈國常章... 祖孫按注常典法也

天地車輪轉注輪 終則復始極則復反莫不咸當日月星辰或疾或徐日月不同以盡其行注有長短以

故巳起牽牛至周於牽牛故曰以盡其行 祖孫按起牽牛是呂氏作書時之宿度四時代

今因歲差之故巳移別宮義詳記孔廣牧禮記天算釋及近人劉坦中國古代之星歲紀年

與或暑或寒或短或長或柔或剛（注：冬寒夏暑冬至短夏至長春柔而夏剛萬物所出造作本於太一。化於陰陽也。注：遂始

道也。暑或寒夏至長春柔而夏剛萬物所出造作本於太一。

成萬物者也。陰陽化

太一。化於陰陽也。注：遂始一。

大樂篇之太一以樂立說因樂之聲音出於律呂乃立算之根言詳漢書律歷志凡度量衡無不自數而

來繫辭之所謂太極由一陽一陰遂生而立成圖式只有次序而無數之可推後人以為河圖者是是大樂

篇之太一已有數之可據故漢書律歷志之所謂兩儀四象八卦皆有數可推後人所謂洛書者是是繫

辭言體大樂篇言用分別仔細知其本末以治先秦諸子方可迎刃而解至乾鑿度上卷之太極即為繫

辭之太極乾鑿度下卷言太一乃述九宮之術即繫辭天一地二節之說即是洪範正文及注解釋已畧

具端倪惟其功用尚未說明呂氏春秋大樂篇又云。

務樂有術。必有平出於公公出於道惟得道之人其可與言樂乎。

又云。

謂之道

道也者視之不見聽之不聞不可為狀則幾於知之矣道也者至精也不可為形不可為名疆為之

此以太一為道與繫辭之太極尚屬兩事繫辭之太極乃是道之體大樂篇之太一乃是道之用管子正

篇荀子儒效篇皆以一為道呂氏春秋以太一為道加以太字無非形容崇高之意至繫辭所謂一陰一

道也。陰陽化

成萬物者也。

陽之謂道乃以消息分陰陽既分陰陽乃是兩儀即不是道而是儀文形而上者謂之道實開後世性理
之說把道字當作虛無渺漠之稱致後世以心為太極說更奇異。

虞翻注是故易有太極句云。

太極太一也分為天地故生兩儀也。

據虞氏說漢時太極太一則已并作一說矣後漢書班固傳典引篇云。

太極之原兩儀始分烟熅烟熅有沉而奧有浮而清沉浮交錯庶類混成

此條韻文分熅韻烟熅繫辭作絪縕文選注烟熅熅陰陽和一相抶貌此疑烟烟熅熅上有脫句或以

原分熅三句叶然原與分熅不同紐說者以為合韻轉韻殊非鄭玄注云。

極中之道淈和未分之道也。

此注見文選十九張華勵志詩大儀幹運句李善引鄭玄此注。極中之道四字當極字逗中之道句中字

有研究之價值在魏晉時王弼之注已佚韓康伯之注猶存其言曰

夫有必始於无故大極生兩儀也太極者无稱之稱不可得而名取其有之所極況之大極者也。

韓注首句與第二句不能相銜結或以周敦頤道書無極而大極出於老子復歸於無極一語王弼著老

子又著周易晉人清談者謂之玄又謂之老易余以為周說實本此注自周敦頤無極而太極之說出生

論。

出無窮障礙。以性理治易。其實誤於韓康伯夫有必始於无一句宋時朱熹攻擊周說各執是非莫能定

王韓以後有紀瞻與顧榮之辨太極晉書紀瞻傳云。

瞻與顧榮同赴洛在途共論易太極榮曰太極者蓋謂混沌之時曠昧未分日月含其輝榮以日月

八卦隱其神（祖縣按神即以通神明之德之神亦即陰陽不測之謂之神神非鬼神之神韓注神也者變化之極竹萬物而為言不可以形詰者也。此神字當作神明解）亦即顯道神德行之神。天地混其體聖人藏其身然後廓然。既變文清濁乃陳二儀著象陰陽交泰萬

物始萌六合閉拓老子曰有物混成先天地生誠易之太極也（祖縣按顧榮說易之太極尚在而王

氏云太極天地（祖縣按王氏即王弼今縣辨王弼注已佚韓康伯是愚謂未當夫兩儀之位以體為注夫物必始於无故太極生兩儀也與王氏不同兩儀非明易者不能令若謂太極以體而說兩儀者不能

稱則是天地以氣為名則名陰陽道然不能使人領會善登以光字立說更勝令若謂太極

為天地則是天地自生無生天地者也（祖縣按榮說兄老子又曰天地所以能長且久者以其不自生故

能長久（祖縣按王氏即王弼今本作長久與紀瞻傳同按今本一生當從高誘大樂篇原元氣之木本字之譌作生當從高誘大樂篇一生二二生三三生萬物以資始沖氣以為和（祖縣按木係求天地之根恐疑以

此為準也。即準字按準始三字今本作出解為正以資始三字今本作萬物負陰而抱陽（祖縣按曰昔庖犧畫八卦陰陽之理盡矣文王仲尼係其遺業三聖相承共同一致

稱易準天無後其餘也夫天清地平兩儀交泰四時推移日月輝其間自然之數雖經諸聖孰知其

95

始吾子云曩昧未分豈其聖人人也安得混沌之初能藏其身未分之內。祖縣按柴語病在八

身二句在混沌時安有八卦安有聖人。老氏先天之言此蓋虛誕之說非易者之意也亦謂吾子神通體解所不應疑。

意者直謂太極盡之稱言共理極無復外形既極而生兩儀王氏指向可謂近之古人舉至

極以為驗也注。極至也淮南子繆稱訓猶未足以至于極也未知是否。謂二儀生於此非復謂有

父母若必有父母非天地其孰在榮遂止。

讀瞻傳。知晉人對太極已無定論晉人尚玄瞻說雖以王弼為指向而說則曖昧未分榮較瞻明易。

無一定之確論北史儒林李業與傳云。

吳書載榮從父邵博覽書傳好樂人倫少與舅陸續齊名讀其所言易似合陸氏家法惟對於太極仍

梁武問易有太極極是有無業興對曰所傳太極是有。

李業興榮從東魏天平四年使梁補衍問之可見當時南北朝治易各有所趣故孔穎達正義序云。

唯魏世王輔嗣之注獨冠古今所以江左諸儒並傳其學河北學者罕能及之其江南北義疏十有

餘家皆辭尚虛玄義多浮誕原夫易理難窮雖復玄之又玄。祖縣按此兩句以玄之又玄立至於垂

範作則便是有而教有。此句若論住內住外之空就能就所之說斯乃義涉釋氏非為教於孔門也。

既背其本又遺於注。祖縣按既背其本句王弼以老子附易背易之本則有之至遺於注王弼虛

玄浮誕注中不可勝數孔云又遺於注未必然然董理之王注亦有可采焉。

孔說可采。孔作正義多鄭玄而鄒王弼。學者可細細體會隋蕭吉五行大義第三明數第五論云。

八卦既成並問曰八卦從何而始曰因五行生因何而生天地生天地因何生因太一生太

一因何易生故曰易有太極是生兩儀……（下署）

此章易有太極並非指周易實指歸藏連山其時尚未有五行令蕭吉不分時代性立說故其說不能立。

孔穎達正義云。蕭孔皆隋時孔後入虞。

太極謂天地未分之前元氣混而為一即是太初太一也故老子云道生一即是太極是也又謂混

元既分即有天地故曰太極生兩儀即老子云一生二也不言天地而言兩儀者指其物體下與四

象相對故曰兩儀謂兩體容儀也……（下署）

正義雖疏韓康伯注但揭出物體兩字實破韓注之无字不為無見嗣後說易者對太極愈說愈亂矣。

二.釋一與極之義

一字與極字義可相通求諸字義在說文一字徐鍇本云。

惟初太極道立於一造分天地化成萬物。

徐鍇繫傳云。

一者,天地之未分。太極生兩儀旁溥始結之義是謂無狀之狀無物之象必橫著象天地人之氣是

皆橫屬四極老子曰道生一今曰道立於一者得一而後道形無欲以觀其妙故王弼曰道始於無

無又不可以訓是故造文者起於一也皆天地未分則無以寄言必分之也則天地在一以後故以

一為冠首本乎天者親上故曰凡一之屬皆從一

道生天地。

大徐本改太極為太始太始見乾鑿度太極之上加以太易太初太始太素四界名詞下文分而析之以太易

未見氣太初為氣之始太始為形之始太素質之始界厴殊甚太易是有氣有形此言未見氣亦以太極為无

極的緣故故包周敦頤創無極之說後世引之以固其說其實殊非徐鉉之說不足為訓管子四時篇云

與太極生兩儀之說合淮南子天文訓云。道曰規始于一一而不生故分而陰陽陰陽合和而萬物生故曰一生二二生三三生萬物。

一而不生句疑有譌字與下文引老子一生二之旨違疑不字衍又詮言訓云。一也者萬事之本也無敵之道也。

淮南子論一字是也至極字說文云。極,棟也。

按極屋脊之棟也。今人謂高及甚為棟義出於此。亦謂之危。春秋後語魏人將殺范痤范痤上屋騎

危是也。祖縣按范痤事見史記魏世家文戰國策趙策第四亦載范痤事惟不言上屋騎危此云春秋後語未詳

又。

棟、極也。

兩字互訓為屋之正中至高之處儀禮鄉射禮序則物當棟注是制五架之屋也。正中曰棟詩周頌恩文

莫匪爾極傳極中也漢書天文志島戴宮極注極屋梁也莊子則陽篇孔子之楚舍於蟻丘之漿其鄰有

夫妻臣妾登極者注極闓馬曰極屋棟也釋名釋宮室棟中也居室之中也又廣雅釋詁四極高也以諸

訓證之莊子大宗師之高字鄭玄太極釋中字義為賅洽可證太極二字不是形而上謂之道也不是一

陰一陽之謂道而是一謂之道宋阮逸易筌卷六說卦傳三極之道也注云。

立天之道曰陰與陽天之極也立地之道曰柔與剛地之極也天非

陰陽不立人非仁義不立猶屋之有極。棟原注屋而立為屋三極者參而三合而太極

之為言至也之又至非尋常可測故曰太極。阮逸易筌已佚見胡安世大易則通卷二引

阮逸之書久佚昔余家藏有景宋鈔本曾送商務即書館屬其在續古逸叢胡安世所引與原文同惟阮

書中付印而不甚重視久未出版致燬於一二八日寇炸彈。

三易新論

99

說余不贊同在原書後附有校勘記謂曰陰陽曰柔剛曰仁義是皆兩儀不是太極惟屋之有極一句實

係至言極訓至出爾雅釋詁元人俞琰易集說係字即繫辭傳上云易无體所有至極之實理故曰易有太

極清陳冠洙感盛周易象義集成繫解上亦主太極之說又增根極樞極之說語則不經元吳澄易纂言

棟說文謂之極爾雅雅謂之樞義皆訓中猶屋之脊棟

爾雅釋宮棟謂之桴注屋櫋諒文桴棟也字林桴極也櫋字書未見沈起元周易孔義集說引李克恭說
云。

五卷云。

太者大之至也極者屋棟之名天地間之有此理猶屋之有極也。

吳說允惟說兩儀四象八卦未見精蘊何楷古周易訂詁大過棟橈云。

易變也然必有不變者而變以生說文極中也屋極謂之中梁上脊棟有太極之一乃生兩儀八卦·十

李克恭易著未見沈起元周易孔義集說舉三則列熊良輔元人宇梅邊·陳琛明人宇紫峯之後後於陳琛可知李

說似引何楷說疑清初人李引說文謂廣雅釋詁極中也棟何楷作檁皆俗字集韻四十七寢檁屋上橫

木脊檁當為脊領漢書高帝紀譬猶居高屋建瓴水也建瓴者梁上覆以瓦以防雨水即俗呼雨落水符

合兩儀之象沈起元按云。

太極句自韓孔以老氏无字一字解之邵子以為无為之本宋儒以為極至之理而太極生兩儀則

以為有理而後生氣氣為名而來王夫之以氣為之亦從紀瞻傳說無敢為異說者然愚體玩數十

年覺太極二字說來終近玄渺且於縣空太極之下著一生字尤未懍於心焉氏以不動之一為太

極崔氏蘇氏宗之祖絲按沈起元說以馬融崔憬蘇軾三氏皆以大衍為太極 蓋其時太

圖不同之而生字之義克恭李氏洗發切實顛撲不破此章專言蓍筮不應於蓍數之外無端又添

一義祖絲按此章至一義十況夫子言易有太極明明主易而言非謂天地萬物之先有此太極也

兩儀亦主易卦之陰陽言非泛指天地間之陰陽也祖絲按此說語病殊多 故周子圖說可別作一書讀不必

以此章合

沈起元以太極與周敦頤太極圖截然分為二事殊有卓見繼沈之後者有包彬易玩卷首有易有太極

說未將極字說明至卷七繫辭注云

上言戶者屋之戶也祖絲按上文是故闔戶謂之坤闢戶謂之乾此言太極者即屋極在中以為喻也太極生兩儀如屋

極有向背兩面也兩儀生四象如屋極四面也四象生八卦如極之四面有四正四隅也

包彬之說明白如畫余繪出三圖以明之

下圖三第一圖即兩儀第二圖即四象第三圖即八卦

第 一 圖
兩儀

陰
陽

北
南

第 三 圖
八 卦

艮 巽 震 兌
坎 乾軒 離

北
東
西
南

第 二 圖
四 象

少陽
太陰 太陽
少陰

北
南

102

視上列三圖太極二儀四象八卦之位可與沈善登光天氣地之說參證之因吾人所居地球屬太陽系。

向日則為光背日則為氣光與氣皆日之作用日將出地上現一種蒙氣日初昇日光先照東方為

少陽在卦為離位屬震之既而日光

無日光既而日光又移於北方北方為太陰在卦為坤位屬坎。洛書之

坎位屬兌之第一圖言兩儀建領俗呼塵脊即以太極代表之第二圖言四象即

方第三圖言四正四維其所受日光以四時日行緯度之變遷日光方向之轉移而有先後次序之照臨。

因而離東坎西乾南坤北兌東南震東北巽西南艮西北之方位分明。

在沈起元包彬之前有沈壽昌易學圖解一卷共二說其第一說云太極不可畫說迄第二說駁周敦頤通

書也少中肯語有端木國瑚周易指云。

易以有立教易无極是西北亥而易有極是東北丑乃天地北坎子天一正在東北艮丑地二是天

一極立在地二上天地四時八節出中央卺心為一當中下一而上為中央堅多心木祖緣按卺

心木見。是堅多節木木卺心極也天一極立地二下一是二是太加倍之稱太極也十六。

卺心之卺首奭作極並注云極中也太極係一畫是畫卦之始原無八卦十二支端木此說於理不合且

提出无極二字以迎合周敦頤之說更非理之正又端木國瑚周易圖一卷有十圖第二圖云。

極棟也。—畫自下而上是易乾圜下至原注,極北極上極至南極而始天地一數下畫而上當中至也

央是棟極象此為易有太極。

又第三圖以一為立說。又太極第二圖以— 立說第四圖以一立說是不知陶復陶穴詩大雅縣篇之復正字復之

理端木又注上棟云。

上棟隆下宇平。

曰隆者其形高起可知則棟形是一不是—可證釋名釋宮室棟中也居室之中也說文以棟釋極是

一形可無疑義古時以一橫者為棟梁—豎者為柱是端木氏之失辨沈善登瑞時昉言原易篇云

太大也屋棟曰極以為推之至高無以上太中至正無以復加謂之太極無名之名無始之始也豈真

有一物可圖畫我。

沈說至高之高字襲莊子大宗師語中字襲鄭玄說。大中龍眾張浚紫巖易傳卷七朱震漢上易王宗傳童溪易傳卷二十八

焦循易章句等各家之說。至無名之名無始之始八字雖有所本但語涉虛無而豈有一物可圖畫哉一卷七

句感於沈壽昌之說。解卷一。易學圜不知太極可畫不盡太極即不能明易之理沈善登同篇又云。

大易渾侖體一而名二蓋由太易先威而變氣。故畫卦首乾而繼坤由渾侖而分天分地故總稱乾

坤猶稱渾侖析言之則光陽象天名乾氣陰象地名坤坤乃渾侖中光變之氣形質乾即太易也故

曰天。易為乾。此易象之大原也。

沈善登以陽儀為光陰儀為氣光天氣地之說乃易學上一大發明此前人所未道者惜未明言此即太極生兩儀之理杭辛齋易楔云。

說文。極棟也易大過棟隆。棟木末弱也棟亦訓極建中立極。故極亦訓中棟從東從木木生於東得木之正故以室中主幹之巨木謂之棟蓋上棟下宇初創宮室之時構造皆甚簡單以巨木支柱正中而四周下垂與今日營帳之制畧同故棟必在室之正中與極字訓義可以相通若以今日之所謂棟者例之則與極字之義不相蒙矣此言太極者不可不知者也極注。卷一太

杭說引伸端木第一圖之義解極字非是。

綜以上諸說曰極曰一曰高曰中曰棟義可貫通而太極是一可以確定。

三、太極生兩儀兩儀生四象四象生八卦解。

太極一也兩儀二也四象四也八卦八也八卦倍之是兩個八卦十六也兩個八卦倍之為四個八卦三十二也三十二卦又倍之為六十四卦此邵雍所謂加一倍數即是歸藏之卦位若用於周易。64 32 16 8 4 2 1。位數則同然沒有消息之理可據位的數目去推求。此周易之組織異於歸藏

周易不尚消息惟象偶及之。如泰☰☰☰象否☷☷☷象臨☷☷象豐☷☷☷象則揭消息

二字困豐則四之二即為泰卦此五卦者前四卦皆不變因豐為坎五世卦則不在乾坤十二卦之內故

用變卦泰為坤三世之卦消息正在其中此為變例方中通以仲子智度數衍云。

勾股出河圖加減乘除出洛書。

方中通疏於算術困明末清初時廣數之衍甚疏當云大衍出勾股加減出河圖乘除出洛書大衍之數

五十去一不用為四十九其數七七自乘周髀算經已言之此言太極二儀四象八卦由陰陽消息而來

即加減是河圖不是洛書至漢書律歷志權衡下及魏相傳所述太陽太陰少陽少陰用乘除是出於洛

書分得清楚則開結可解。

沈善登網領篇又云。

史稱黃帝迎日推策。祖緯按史記五帝本紀。蓋即按四正四隅方位立表測日景推其行度以定朔望據集解

裴駰解。引晉灼臣瓚注推求之當如是按周官大司徒以土圭之法測土深日景以求地中賈疏

融會先後鄭說至為分明表長八尺四方中央間各千里以畫漏中半測之其景短至尺四寸五分。

長至尺六寸而以尺五寸為正中建立國都然則長短之較不過一寸五分即勾股加減之數故知

古有是法周公變通之以求地中也。

此係我國最古測日景之法未能準確然亦可得其畧數景說文日光也釋石釋天景竟也所所上錄照、

脫日字照、

處竟限也日光已明再釋地氣余就多年目睹之狀臚舉如下。

一前三圖言房屋受日光之情況在日光將到時其氣達勃一到即隱。

二行舟時晨起見滿江家氣日光一照臨其氣即隱在日光未臨處仍然家氣滿江。

三气說文雲气也雲氣大時能降雨雲氣小時為日光所掩雲散即為清明之天。

四气字玉篇出昒云古气字古字作昒者以气仍由日光而轉移故沈氏以日為光原數、見原斯為確

論。

五气氣本一字後人孳乳為氣字說文氣饋客之芻米也故字从米。飯熟則有气。

六萬山中至晚必雲霧滿山觀面不見人即是氣晨則不見天日此亦古文昒字之一證。

沈善登提出光气以釋易在制器尚象在科學實驗上可發出無量光輝當從之折中啟蒙附論江永河洛精蘊卷六皆載貴憲之乘方法合畫卦加倍法以解釋自太極至六十四卦之次第而江永更有說明。

載之如下。

三易新論

107

此圖以

①　一自乘為根在繫辭易有太極一章僅太極兩儀四象八卦在圖至立方止三乘方至五乘方即六十四卦是茲先解太極至八卦老子曰道生一即圖上所謂數始老子立說論道字則云吾不知其名故強字之曰道強為之名曰大此生字當從呂氏春秋大樂篇作出字為正道生一即道出於一是太極一生二即上圖方根

①①　是兩儀惟古人對算法尚疏當加以正號負號則更明白二生三此句治老子者皆未能解釋即以正號負號則更明白二生三此句治老子者皆未能解釋即

①③③①　數雖是四而 ③③ 則為

兌　離　巽　坎　艮　震

其用則四三生萬物萬物負陰而抱陽至

②　則為　少陽　少陰

數雖是三而 ② 則為

①①　①

其用則八三乘方以下可按一陽一陰之規律求之。

惠棟易漢學卷八辨兩儀四象以宋儒說四象殊誤其實四象之陰陽出漢書律歷志非宋儒之說也時氏拾遺云。

太極　①　敷始
兩儀　①　①　方根
象　①　②　①　平方
八卦　①　③　③　①　立方
置卦　①　④　⑥　④　①　三乘方
丑畫卦　①　⑤　⑩　⑩　⑤　①　四乘方
六畫卦　①　⑥　⑮　⑳　⑮　⑥　①　五乘方
　　　方　廉　廉　廉　廉　廉　隅

程頤曰范文甫問四象曰左右前後楊中立問四象曰四方。

程說亦可與宮室相連繫太極之說畧舉如上在近人謏助動輒以陰陽五行四字并為一談不知兩者

絕不能相混陰陽在繫辭出此章五行在繫辭是天一地二章是兩件事又更有以大衍為太極更非大

行一章並不提太極二字文中象兩象三象四時兩象閏四個說頭皆是擬議之詞自形而上與形而下之

說出治易者對形而上把毫無正確的曲說堆砌滿紙而形而下之學包括自然科學之成就置而不論。

如賈憲之開方表對一陰一陽之理是有組織的其理為自然之發展一切理論乃有緒可尋繫辭以形

而下為器世之經生對於器字以人為小道不肯發揮總之器為萬物主要之物皆有象可象不如形而上

學之可虛構捏造者且器之成因一物即具一物之太極不能舍太極而言成因辯證是關於普遍聯繫

的科學主要的規律在量在質在兩極之對立恩克斯揭出兩極兩字兩極就是一正一負與兩儀相同。

余雖龍院逸等之說以太極為屋脊尚不過一種擬議而已總之太極之說鄉言以中字釋之實係日光

之作用見日光照臨之處即為陽日光其照之處即為陰故日光之陰陽分析之即有物之存在詩廊風

定之方中彼云定之方中作于楚宮揆之以日作于楚室方中與極字義合楚宮楚室即物之存在可知

三易新論

109

復頤屯益震噬隨无妄夷賁既濟家人豐離革同人臨損節中孚歸妹睽兌履泰大畜需小畜大壯大有夬乾

（右側縱列）六十四卦　三十二卦　十六卦　八卦　四象　兩儀　太極

震	離	兌	乾

四象：少陰　少陽　太陽　太陰（陰・少・陽・太）

兩儀：陽

太極：太

凡例

一、歸藏未亡之教。同易正義八論、曰乾坤震巽坎離艮兌、消息无文字所謂之易、乃郭璞所引歸藏、爾足山海諸書、探索一陰一陽之要、終謂此圖。

二、此圖一畫為大息、即一陰一陽之終始、辭也可通、兩儀制器尚象原之用、兩儀分八卦、八卦分六。

三、此皆道可通、算盤尚。

四、乾位隔三十二位、剝否隔一位、復隔四十位、坤位、夬泰隔一位。六位逆行、臨隔三十二位、共泰隔一位。觀行隔二位、剝否隔一位、復隔四十位、坤位。

五、凡遇陽爻順行、陰爻逆行不可誤。凡排歸魂之卦、乾宮乾、坎宮坎、震宮震、巽宮巽、離宮離、兌宮兌、艮宮艮、坤宮坤、大壯震次、民六卦、推同乾坤。

六、有凡歸魂之卦、乾宮乾隔三位、離宮離隔三位隨、坤宮坤隔三位、巽宮巽隔三位蠱、坎宮坎隔三位、震宮震隔三位、艮宮艮隔三位漸、師比皆隔三位、或順坤宮、或逆坤。隔位三、師隔三位、巽宮、艮宮、比皆隔三位。

卦橫圖

坤剝比觀豫晉萃否謙艮蹇漸 小過 旅咸遯師蒙坎渙解 未濟 困訟升蠱井巽恆鼎 大過 姤

坤	艮	坎	巽
太 陰		少 陽	
陰			

極

七.

視陰陽之卦畫，即本宮五爻之變。

游魂之卦，推法如歸魂，以乾三世卦否，否隔三位晉。兌三世卦未濟，未濟隔三位小過。震三世卦恆，恆隔三位大過。巽三世卦既濟，既濟隔三位頤。坎三世卦既濟，既濟隔三位大過。離三世卦未濟，未濟隔三位恆。艮三世卦損，損隔三位益。坤三世卦泰，泰隔三位益。咸咸隔三位損。未濟未濟隔三位恆。

八.

兩爻變，例至多，視其次序，圖亦一一推演可也。

初上兩爻變，其次序一亦六十四卦。凡位即三世坤卦，二五兩爻變三四。位中爻變三世坤卦。位需即三世坤卦。

不贊

第七章　歸藏蠡測

一、歸藏述要

歸藏為三易之一其名始見於周禮太卜繼見於桓譚王充鄭玄虞翻諸家之說漢時治易三家說易咸
致力於周易不兼及歸藏連山因歸藏連山未立學官遂屏而不言至東漢時博學如王充亦述而不詳。
至伏羲十言之教无文字之為易始揭出消息二字其說載左傳定四年黃父之會夫子語我九言正義
以八卦為八言消息為二言是為十言消息乃歸藏連山二易之定例與文王所演之周易不同王應麟
以此為鄭玄之說總之連山之易由歸藏推之可以得其緒在周易間與歸藏相通六十四卦橫圖即言
消息之排列與周易相同者十六卦說見第一論宋以後治易者多以此圖列入而未說明其功用且消息之
義亦未揭出朱熹易本義前列九圖陳振孫書錄解題云本義者列九圖可證啟蒙亦載此圖而王戀竑
疑之乃云。

易本義九圖非朱子之作也，祖緜按本義啟蒙皆載此圖王以為非朱氏所作唐鑑學案小識云朱
熹於易有本義有啟蒙其見於文集語錄講論者甚詳然此九圖未嘗有及之，祖緜按此王氏失言，可

戀而朱熹之學一宗二程，程頤易傳在古逸叢書本首列橫圖，九圖之不合於本義，啟後者多矣，門人豈不見此九圖者，何以絕不致疑也。祖縣按宋人河洛之說，實本漢人清代之治經者吳派，以河洛為非，王氏朱子於本義，叙畫卦約署大傳之文，故下而上。王祖縣按下即太極，上即兩儀，再倍即四象，而三，王氏巧為之說，仍苦兩儀，祖縣按即八卦，王氏依放為之，漏洞殊多，照王氏欲依放漢學，已成八卦則又三倍其畫以成六畫，而於八卦之上各仍為演繹家所不許。

加八卦以成六十四卦，立說而王氏曲為解釋，殊屬談節，巳成八卦則已具已成八卦則又三倍其畫以成六畫，而於八卦之上各而邵子所傳止有先天圖，原注即六十四卦方圓圖也，祖縣按王氏說念支離方圓圖，圖皆出於橫圖。其伏羲八卦圖，文王八卦圖則以經

世演易圖推而得之，同州王氏漢上朱氏易皆載伏羲八卦圖，文王八卦圖啟蒙因之至朱子所自

作橫圖六則注大傳及邵子語於下，題云伏羲六十四卦圖，蓋其慎重如此，今乃直云伏羲八卦次

序圖，伏羲六十四卦次序圖，祖縣按即此章第一圖，伏羲八卦方位圖，伏羲六十四卦是乾坤之而乾傳之耶

繫辭所謂易有太極，是生兩儀，兩儀生四象，四象生八卦，此是聖人作易綱領次第，惟邵康節見得

分明，今侍郎乃以六畫之卦為太極，中含二體為兩儀，又取二互體通為四象，又顛倒看二體及互

按王懋竑之說殊屬矛盾，又朱熹答林栗書云，

體通為八卦，若論太極則一畫亦未有，作中宮謂伏羲一畫開天，何處便有六畫底卦來，如此恐倒祖縣按此句悟病宋人著見白田草堂集。

114

說了兼若如此即是太極包兩儀兩儀包四象四象包八卦與聖人所謂生者意思不同矣。

朱林二人以此事反覆駁詰限於篇幅茲不贅令林栗所著周易集解三十六卷无通行本四庫全書有

之朱熹又有答表槻書云

若要見得聖人作易根原直截分明不費辭說於此看得方見六十四卦全是天理自然挨排出來。

聖人只是見得分明便只依本畫出元不曾用一毫智力添助蓋本不煩智力之助亦不容智力得

以助於其間也。

王懋竑治朱學而未讀朱子大全立論如貲南轅而北轍本義列九圖是朱子予定可无疑再以答林

眾栗樞二畫觀之朱熹是推崇橫圖之至因在王懋竑之時惠士奇著易說胡渭著易圖明辨士林宗之

王恐宋人之說為世所詬別倡朱氏不與邵雍同流闢圖書以迎合時習自王說出清乾嘉之後易學為

三所謂漢學派邵氏學派性理派是在王氏以前黃宗炎著憂患學易一書內周易象辭十九卷尋門餘

憂患學易余家昔有鈔本與四庫本異人云紙黃炳垕家中抄錄日寇侵蘇州時因書籍過重不能攜帶

勝利歸家凡鈔本書悉侠惟尋門餘論刊入吳江沈氏昭代叢書戊集中然非完本幸錢林文獻徵存錄

載之可其說橫圖云

舉出。

八卦既立因而重之得三畫即成六畫得八卦即成六十四卦何曾有所謂四畫五畫十六卦三十

二者。四畫五畫成何法象十六卦三十二卦成何貞悔之體全鑄成大錯因橫圖非周易只有消息（祖緜按此節云云雖頗極深研幾然完

至貞悔一名詞。周易何不以三乘三。以八加八。直捷且神速乎。

始有之。洪範亦戴。祖縣按後之數學。焦氏之易傳數不

傳理。其分為四千九十六卦。實統諸六十四卦。是一卦具六十四之占。非別有四千九十六卦之畫

也。祖縣按即連山之易。黃氏云。非別有四千九十六卦加六畫成之。兩間氣化自有盈縮。祖縣按即卦之畫也。實有語病。所謂連山之易。由六十四卦加六畫成之。是消息黃

氏行文。是以文勝質。陰陽或互有多少。祖縣按此二句脫一字不成文義。夫物之不齊。物之情也造化之參差義理之所由

立也。如邵子是一定之易也。非不可與要之易也。故曰邵子乃求為焦京而未遠者也。祖縣按易是一定即變通

亦是一定。皆有定例焦京皆然。結論更失言。

黃說雖駁王懋竑為勝。而橫圖之定例賢未闡明。而四畫成十六卦。五畫成三十二卦。其說更含糊邵雍

以橫圖為加一倍。其說至確。至消息之理。邵氏亦語焉未詳。不得不另立皇極經世之說。以搪塞之在邵

雍之前者楊雄之太玄。關朗之洞極。皆犯此病。與邵雍同時者司馬光之潛虛。亦同清江永云。

三畫八卦足以盡萬物之理。六畫六十四卦。所以備人物之用。俾聖人作易。不必為人占筮之用畫

止於三卦止於八可也。祖縣按江氏此所識者小繫辭曰。易有君子之道四焉重卦在惟其欲備人事之

用人事繫按江氏以占筮為制器尚象。而江氏僅以卜筮尚占。說非深知易者也。

用故須重為六爻。所謂兼三才而兩之。故易六畫而成卦。分陰分陽迭用柔

剛。故易六位而成章。數語盡之。其漸次生出其開方求廉法有符者。亦論其理耳。非真有四畫五畫

之卦也。

江謂非真有四畫五畫之卦也將三易成卦之因完全推翻措詞失當又謂與開方求廉法有符者亦論

其理耳不知漢人八卦九章相為表裏將易與算分為兩事也失求是之本蓋四畫成十六卦如橫圖以

四象至四畫讀之得二個乾一兌二離三震四巽五坎六艮七坤八是為十六卦五畫成三十二卦如橫

圖以八卦至五畫讀之得四個乾一兌二離三震四巽五坎六艮七坤八是謂三十二卦一陽一陰為根。

遞生出之即朱熹所謂自然挨排出來者是。

據伏羲十言之教八卦為八言消息為二言故歸藏之圖尚可從消息以推得之而後人以歸藏之繫辭

為歸藏而繫辭既偽且佚則併歸藏而亡之矣。

總之治歸藏非明太極无以明兩儀非明兩儀无以明四象非明四象无以明八卦推得八卦遞生六十

四卦。非位則不能推出至消息與卦變有異朱熹本義卦變圖失其系統江永河洛精蘊卷五卦變說及卦

變考欲糾正朱氏之譌无中肯語。

二 歸藏卦位說

歸藏連山以位者即六十四卦之卦位由一陽一陰遞生而來其位之級數為1 2 4 8 16 32 64 七項。

一一推求即得而連山為十二畫卦又較歸藏加一倍數推之遞數至十二畫即為連山卦數亦不以文

字明之。此古人尚質。

六十四卦橫圖治漢學者以為陳摶所偽造多年考索未得確據陳摶有易龍圖序其文載宋文鑑宋胡

一桂易翼傳元張理大易象數鉤深圖明清之朱子黃宗羲象數論王弘撰周易圖說一名易圖象述 清胡照周易

函書江永河洛精蘊近人黃元炳河圖象說皆載全文今節錄之陳摶云

且夫龍馬始負圖出於羲皇之代在太古之前令存巳合之位或疑之況更陳其未合之數耶。

陳言巳合之位出於羲皇之代在太古之前是指橫圖而世人疑之可證當時學者輕視圖本故陳氏慨

乎言之至巳合之位除橫圖外別无最適當之圖由此圖八折之則為方圖雖據邵雍之說輔以干支干支羲皇時

所由此圖環折之則為圓圖方圖言世圓圖圖言錯祖緣接繫辭云錯綜其數是指周易·故此橫圖只能解

消息之理復由歸藏遞進生六位則為連山即一卦纖爻六十四卦六十四卦雙四千九十六卦焦贛易林巳

舉其概惜其排法亦失其緒疑後人以京房排法妄改易之惟漢人以施孟梁丘三家易並為學官後又

立京氏漢書京房傳說之甚詳其說巳流入左道王充論衡寒溫篇巳刺其謬至寒溫之說始見易

京氏漢書京房並稱京氏排法是否即是焦氏排法亦是一個疑問總之焦京之易焦氏猶存易林至

緯稱見圖所謂寒溫者篇中巳明白楊出其言曰。

冬至之後三十日極寒夏至日。无日字三十四引有。三十日極溫。御覽二十三引。

此與繫辭寒往則暑來暑往則寒來寒暑相推而歲成為合其實寒溫即言消息。

陳摶言況更陳其未合之數耶是自言其創作從前治漢易者以陳摶為異端治宋易者對於陳氏雖不

腹誹亦不深究以陳易龍圖已侯序文似无研究之價值耳序文又云，

然則何以知之答曰於仲尼三陳九卦之義探其旨所以知之。

序文已明指出所謂未合之數是由三陳九卦而來乃是九宮一算之術不是朱熹所列之九圖後人

誤以周易六十四卦附麗之真是風馬牛實不相涉可證陳氏所創作者不在九圖之中而在九圖之外。

張理注伏羲合而用之句云。

未合之位為河之所出巳合之位為伏羲所成。

張說未諦九宮一算之術出於洛書非出於河圖而河圖則在橫圖四象生八卦中巳明白畫出即乾一

兌二離三震四巽五坎六艮七坤八之次序與洛書坎一坤二震三巽四中五乾六兌七艮八離九之生

成絕對不同此張理之失言王弘周易圖說注陳氏序文云。

上下相交而為八卦則四正四隅九宮之位是也。

王弘揭出九宮巳說明陳摶之旨至陳摶所謂今存巳合之位。四今存明言古人所畫之位今時尚存

不是陳摶所手創毫无疑義或安陳氏僅言位不言圖答曰首句巳出圖字且有圖始可安位是圖與位。

二而一亦一而二殊无分別。綜上論述知陳氏所謂已合之圖是橫圖即是歸藏亦可深信不疑歸藏之

千變萬化不過消息二字至文王作周易不尚消息惟在剝豐二卦象辭及之在泰否二卦則作消長。

九家易曰息者長也。與歸藏連山全以消息二字為主旨者不同兹畧說消息之理凡陽爻變陰爻為消

陰爻變陽爻為息乜荄消息陰陽注消滅也係的解息非熄滅之息乃生息之息馬融易傳革卦水火相

氏曰抄此息字與消息不同。消息在位讀時不可把位弄錯消息兩字實係算術邵雍所謂加一倍數是的論或以

鄭玄不知算不應以消息為算術答曰後漢書鄭玄傳云。

遂造太學受業師事京兆第五元先始通京氏易公羊春秋三統歷九章算術。

李賢注云。

九章算術周公作也兄有九篇方田一粟米二差分三步廣四均輸五方程六傍要七盈不足八鈞

股九。

又玄傳焉融聞玄善算皆是鉄證。

易卦非算不能通在漢書律歷志云自伏羲畫八卦由數起。

又五行志云八卦九章相為表裏。

又叙傳述律歷志第一云元元本本數始於一。

以上三者為卦與算不能相離之證，如第一圖太極一畫即數始於一惟一畫則无消息之可分畫至兩

儀則有一陽一陰在算則謂之一正一負畫至四象至八卦而河圖即从此出由立方之位而三乘方即

其畫而四乘方即五畫卦而五乘方即六十四卦亦然後能用消息之理推算之此數之成因是有一定的規律而

消息二字與哲學中所謂對立其理正同

乾坤二卦之排法由世位遞進在周易乾坤序雜序遯大壯序泰否序臨觀序復剝序本此消息褋線易

漢學據荀爽虞翻注作十二消息虞翻以十二消息為十二月昔鍾歆輯黃佩弟子校．先子遺說作周易說餘一卷．

謂虞氏易但知十二消息為十二月及納甲鍾兌即吳書虞翻傳所謂夢見道士挑三爻之說。

後人治易者謂此圖乾坤為一大天地姤復為小天地蔡邵雍語以為要談詢其理之所在則支離以對。

愈說而真理愈昧詰其究竟則顧而言他在漢學家不屑言大天地小天地為何物而治宋學者又不知

宋人所謂大天地者即指橫圖乾至坤之六十四卦乾為天坤為地而已小天地者即指圖中之兩儀往

陽儀為乾至姤在陰儀為坤至復如圖乾三十二位至姤即指由陽儀至陰儀自姤而至遯否觀剝坤是

陽消皆在陰儀之內有條不紊此言乾屬陽儀坤屬陰儀而息在陽儀圖中姤復為兩儀分界故以

陽儀之內亦有條不紊坤三十二至復即指由陰儀至陽儀自復而至臨泰大壯夬乾是陰息皆在

姤復承失地目之言姤復可代乾坤而起消息。

三、論周易爻變與歸藏消息之別

周易尚爻變不尚消息，在周易陽爻變陰爻曰九，陰爻變陽爻曰六，其位亦為1 2 4 8 16 32。與橫圖消息不同之點其例有三。

一、由橫圖數周易爻變祇有位不尚陽消陰息。

二、一卦之變爻為周易序卦，

三、上下兩卦變爻世位之總和為序，

茲排列周易乾坤兩卦與橫圖相比較以明爻變與消息之別並周易與橫圖相通之理。

乾 卦 消 息

1消剝	坤上六	坤
2消觀	乾五世	剝
4消否	乾四世	觀
8消遯	乾三世	否
16消姤	乾二世	遯
32消乾	乾一世	姤

乾卦爻變　　　　　　坤卦消息

乾卦爻變			坤卦消息		
——— 上九 1	坤五世 變夬		——— 1 息夬	乾 乾二九	
——— 九五 2	乾歸魂 變大有		——— 2 息大壯	夬 坤五世	
——— 九四 4	巽一世 變小畜		——— 4 息泰	大壯 坤四世	
——— 九三 8	艮五世 變履		——— 8 息臨	泰 坤三世	
——— 九二 16	離歸魂 變同人		——— 16 息復	臨 坤二世	
——— 初九 32	乾一世 變姤		——— 32 息坤	復 坤一世	

三易新論

坤 卦 爻 變			
乾五世 變 剝	上六	1	—— ——
坤歸魂 變 比	六五	2	—— ——
震一世 變 豫	六四	4	—— ——
兌五世 變 謙	六三	8	—— ——
坎歸魂 變 師	六二	16	—— ——
坤一世 變	初六	32	—— ——

例如乾卦之變如第二例為周易之卦序始夬序同人大有序履小畜序，亦可用橫圖數出惟不尚消息其位同而卦則不同。

又如坤卦之變。如第二例為周易之卦序復剝序師比序謙豫序其位亦可用橫圖數出惟不尚消息其位同而卦則不同若合乾坤上下兩卦合讀之則與橫圖同如始復初爻乾坤歸藏序而周易不序同人師乾天二歸藏序而周易不序履謙三爻乾坤歸藏序而周易不序夬剝上爻乾坤歸藏序而周易不序。

在周易上下兩卦之序世位出為六故繫解云。

第三才而兩之故六六者非它也三才之道也。

是周易上下序卦之世位與歸藏異，歸藏一世序二世序，二世與二世序，三世與三世序，四世與四世序。

五世與五世序，上世與上世序，故其序有錯而无綜繫辭曰。

錯綜其數。

是有錯有綜乃指周易橫圖祇有錯而无綜，在橫圖中惟十六卦與周易同。

一曰乾坤曰坎離世居上由上卦之世數至下卦之世是六。

二曰否泰曰既濟未濟世居三由上卦之世數至下卦之世亦是六。

三曰隨蠱曰漸歸妹為歸魂三世之卦由上卦之世數至下卦之世亦是六。

四曰頤大過曰中孚小過為游魂四世之卦由上卦之世數至下卦之世亦是六。

惟此十六卦歸藏與周易相同，把橫圖細細玩之一一推之皆有數可據漢人之說易，如荀爽虞翻之說。

苟據升降即是息降即是消虞以某之某憑藉消息立說，荀虞以消息釋周易而不從繫辭六者之六。

字解之亦失其本此王充所以對漢人治易者謚之何家易所由來茲再排否泰兩卦於后。

將橫圖否泰二卦按消息推之其理自明此二卦否卦中无妄大畜序小畜履序泰卦中升萃序謙豫序。

皆為周易卦序。

- 1 息萃 — 否　乾三世
- 2 息豫 — 萃　兌二世
- 4 息坤 — 豫　震一世
- 8 消謙 — 坤　坤二世
- 16 消升 — 謙　兌五世
- 32 消泰 — 升　震四世

- 1 消大畜 — 泰　坤三世
- 2 消小畜 — 大畜　艮二世
- 4 消乾 — 小畜　巽一世
- 8 息復 — 乾　乾上世
- 16 息无妄 — 復　艮五世
- 32 息否 — 无妄　巽四世

易學經典文庫

周易否泰爻變與乾坤不同僅就否卦觀之无妄四世萃二世為六訟晉游魂亦為六遯二世觀四世

變爻卦泰		
上六	1	變 艮二世 大畜
六五	2	變 坤游魂 需
六四	4	變 坤四世 大壯
九三	8	變 坤二世 臨
九二	16	變 坎游魂 明夷
初九	32	變 震四世 升

變爻卦否		
上九	1	變 兑二世 萃
九五	2	變 乾游魂 晉
九四	4	變 乾四世 觀
六三	8	變 乾二世 遯
六二	16	變 離游魂 訟
初六	32	變 巽四世 无妄

三易新論

亦為六雖六者則同但不合周易卦當舉第三例否泰二卦爻變讀之。

以周易爻變證之有人說兩卦不能結合此說所識者小若一一挨排演出公式方能知其所以然之理。

郁有些規律的學者若單觀否卦或單觀泰卦祇覺得彼此隔離彼此孤立彼此不相依頼若合兩卦上

下卦連繫讀之方知對象是互相密切聯系如否泰兩卦。

泰初爻升䷭與否上九萃䷬相聯系在周易相序。

泰二爻明夷䷣與否五爻晉䷢相聯系在周易相序。

泰三爻臨䷒與否四爻觀䷓相聯系在周易相序。

泰四爻大壯䷡與否三爻遯䷠相聯系在周易相序。

泰五爻需䷄與否二爻訟䷅相聯系在周易相序。

泰上六大畜䷙與否初爻无妄䷘相聯系在周易相序。

如圖其規律皆有一定公式茲再排列坎離及既濟未濟四卦於后。

坎離兩卦與乾坤兩卦排列世位相同其消息之位則以爻位說見坤卦之變中故不贊在周易上下兩

卦之世當合六故節渙序屯蒙序既濟未濟序鼎革序豐旅序與歸藏之序異。

離卦消息　　坎卦消息

1 消渙 — 坎上世		11 息豐 — 離上世
2 息蒙 — 渙離五世		2 消革 — 豐坎五世
4 消未濟 — 蒙離四世		4 息既濟 — 革坎四世
8 消□ — 未濟離三世		8 息屯 — 既濟坎三世
16 息旅 — □離二世		16 消節 — 屯坎二世
32 消離 — 旅離一世		32 息坎 — 節坎一世

三易新論

129

離爻變卦				坎爻變卦		
—— 上九	1	坎五世 變豐		—— 上六	1	離五世 變渙
— — 六五	2	離歸魂 變同人		—— 九五	2	坎歸魂 變師
—— 九四	4	艮一世 變賁		— — 六四	4	兑一世 變困
—— 九三	8	巽五世 變噬嗑		— — 六三	8	震五世 變井
— — 六二	16	乾歸魂 變天有		—— 九二	16	坤歸魂 變比
—— 初九	32	離一世 變旅		— — 初六	32	坎一世 變節

以坎離兩卦之變例之，坎卦之變節渙序比師序，井困序離卦之變旅豐序大有同人序噬嗑賁序。此皆周易之序。而其編繪之道，莫不由於變通而變通自有一定之規律，絲毫不能失緒。

左圖（未濟消息）：

———— 1 消 家人 — 既濟 坎三世
———— 2 息賁 — 家人 巽二世
———— 4 消離 — 賁 艮一世
———— 8 息噬 — 噬嗑 離上世
———— 16 消睽 — 蠱 噬 巽五世
———— 32 息未濟 — 睽 艮四世

右圖（既濟消息）：

———— 1 息解 — 未濟 離三世
———— 2 消困 — 解 震二世
———— 4 息坎 — 困 兌一世
———— 8 消井 — 坎 坎上世
———— 16 息蹇 — 井 震五世
———— 32 消既濟 — 蹇 坎四世

既濟未濟之消息合周易序卦者在既濟蹇解序井困序在未濟睽家人序噬嗑賁序而兩卦彌綸之處在三爻坎離序在上爻未濟既濟序

未濟爻變　　　　　　　既濟爻變

變　上九　1　　震二世　變　　　變　上六　1　　巽二世　變　家人

變　六二　2　　離游魂　變　訟　　變　九五　2　　坎游魂　變　明夷

變　九四　4　　離四世　變　蒙　　變　六四　4　　坎四世　變　革

變　六三　8　　離二世　變　鼎　　變　九三　8　　坎二世　變　屯

變　九二　16　乾游魂　變　晉　　變　六二　16　坤游魂　變　需

變　初六　32　艮四世　變　睽　　變　初九　32　兌四世　變　蹇

由消息推測之。
任何一卦皆可
同六十四卦中。
消息爻變之不
此八卦以分別
晉序家人睽序。
序革鼎序明夷
序需訟序屯蒙
之爻變為蹇解
既濟未濟兩卦

震二世　解

六十四卦中惟推測歸魂八個卦游魂八個卦言人人殊而游魂之中孚小過頤大過四卦又為周易上

下連繫兩卦之樞機中孚小過二卦又以漸隨之讀蠱歸妹遂讀連繫樞機之樞機制器尚象有待中孚

小過二卦為主要之卦至頤至動之理包括其中故不在橫圖上求歸魂二字後人據京房易游魂推

測其理則涉於虛空鄭玄注精氣為物游魂為變云。立說其實即繫辭之精氣游魂推。

精氣謂七八此遊魂謂九六此七八木火之數。（祖繫按韋昭國語晉語四解七八作不變）九六金水之數（祖繫按圓易木九六即變也）木

火用事而物生故曰精氣為物金水用事而物變故曰游魂為變精氣謂之神游魂謂之鬼木火生

物金水終物二物變化其情與天地相似故无所差違之也。（杲解樂記正義七八指不變言歸藏是也九六

指變言周易是也。）

鄭說達鄭玄又以七為火數八為木數九為金數六為水數是古人誤讀洪範一曰水一六共宗故二曰

火二七同道故三曰木三八為朋故四曰金九四為友故不知洪範一二三四是言五行之次第不是言

五行之數若以數推之一水四火三木二金則不調鄭注謂精氣七八當從國語章昭說以解不變游魂

九六雖依據周易陰陽變陰為九陰變陽為六但僅能說變字而不及游魂故後人紙鄭注為不知算其實

鄭此註雖覽詭忽但師說如此鄭玄因循襲之此節文字當認為鄭玄習京房易時之說虞翻注云。

魂，陽物謂乾神也變為坤鬼，乾純粹精，故主為物流；坤體變成萬物，故游魂為變也解。虞說更虛，總之在橫圖求歸魂游魂皆有規律，即是卦位，是歸魂游魂重在位。歸魂五爻之第二位，如乾與兌五爻之位皆陽用消，離與震五爻之位皆陰用息，巽與坎五爻之位皆陽用消，艮與坤五爻之位皆陰用息，要須認清本宮，否則乾宮二爻之十六位亦是歸魂，乃是離宮之歸魂，不是乾宮之歸魂，此當明辨不可錯誤，當在橫圖中一一數之。

例如乾卦 ䷀（二 -2，五 -16）五爻消為火天大有 ䷍，為乾宮之歸魂，二爻消為天火同人 ䷌，為離宮之歸魂。

例如兌卦 ䷹ 五爻消為雷澤歸妹 ䷵，為兌宮之歸魂，二爻消為澤雷隨 ䷐，為震宮之歸魂。

例如離卦 ䷝ 五爻息為天火同人 ䷌，為離宮之歸魂，二爻息為火天大有 ䷍，為乾宮之歸魂。

例如震卦 ䷲ 五爻息為澤雷隨 ䷐，為震宮之歸魂，二爻息為雷澤歸妹 ䷵，為兌宮之歸魂。

例如巽卦 ䷸ 五爻消為山風蠱 ䷑，為巽宮之歸魂，二爻消為風山漸 ䷴，為艮宮之歸魂。

例如坎卦 ䷜ 五爻消為地水師 ䷆，為坎宮之歸魂，二爻消為水地比 ䷇，為坤宮之歸魂。

例如艮卦 ䷳ 五爻息為風山漸 ䷴，為艮宮之歸魂，二爻息為山風蠱 ䷑，為巽宮之歸魂。

例如坤卦 ䷁ 五爻息為水地比 ䷇，為坤宮之歸魂，二爻息為地水師 ䷆，為坎宮之歸魂。

凡八純卦，八純卦即乾兌離震巽坎艮坤，五爻與二爻之變同為歸魂，如下二圖是很簡單的，甲圖是四正之位，陽卦與

易學經典文庫

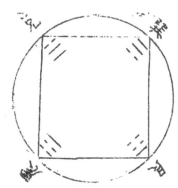

圖　甲

乾

兌

軒

圖　乙

一．甲圖之卦求歸魂之卦，不能與乙圖相混。

二．甲圖之乾離及坎坤，乙圖之兌震及巽艮，即是橫圖中兩儀至八卦之位。

為乾一兌二離三震四巽五坎六艮七坤八之八個卦位，分四正為圓甲圖是分四隅為圓容方即乙圖是。

三．歸魂游魂皆是六畫卦，不是三畫卦。

四．周易上下兩卦之結合不是八純卦即是歸魂游魂兩卦，而游魂卦為多圖說詳第十一章周易上。

五．甲圖之乾坎及乙圖之兌與其五爻為陽爻用消消乾為犬有☷☵坎為師☵☶兌為歸妹☶☱。

三易新論

135

巽為蠱。此皆隔本卦之兩位。

甲圖之坤離。乙圖之艮震其五爻為陰爻用息息則坤為比，離為同人，艮為漸，震

為隨，皆隔本卦之兩位。

六. 用消用息視五爻之陽陰不以卦之陰陽。

七. 求游魂，在甲圖乾坎相遇為天水訟，坎乾相遇為水天需，坤離相遇為地火
明夷，游。離坤相遇為火地晉，乾游。

在乙圖兌巽相遇為澤風大過，震游。巽兌相遇為風澤中孚，艮游。震艮相遇為雷山小
過，兌游。艮震相遇為山雷頤，巽游。

以此法求游魂其法至簡惟不合橫圖消息之根且失其位此係俗說不可從。

八. 游魂由三世卦而來亦五爻之變五爻之位為二以消息分別之即得游魂皆隔二位。

乾三世否，五爻消為火地晉，即乾之游魂。

兌三世咸，五爻消為雷山小過，即兌之游魂。

離三世未濟，五爻息為天水訟，即離之游魂。

震三世恆，五爻息為澤風大過，即震之游魂。

巽三世益䷩五爻消為山雷頤䷚即頤之游魂。

坎三世既濟䷾五爻消為地火明夷䷣即坎之游魂。

艮三世損䷨五爻息為風澤中孚䷼即艮之游魂。

坤三世泰䷊五爻息為水天需䷄即坤之游魂。

以上八例細細玩之昔人以為歸魂游魂為治易一大問題其實殊非昔　先子作周易易解繫辭上

第四章云。

然八純卦六爻之變每卦必有歸魂二。

每卦必有歸魂二是據二五兩爻立說例如乾卦䷀二爻之變為天火同人䷌同人非乾宮之歸魂

乃離宮之歸魂而乾宮之歸魂在消息之位當在五爻之消為火天大有䷍若二爻之消為天火同人

䷌以橫圖之位數之大有在乾消之二位而同人雖在乾消之十六位亦除乾又在離息之二

位。除離本卦算。往者能文之士取易之文字以為文章之資料對消息二字動多誤解即荀爽虞才好言消息

說亦膚淺。

至橫圖解消息二字實非筆墨所能盡令不過言其數爾易為中國科學之萌芽與周髀算經息息相通。

故說卦傳提出二個要點云。

一　參天兩地而倚數。

二　數往者順知來者逆是故易逆數也。

天指奇數地指耦數參指圖圓地指方圖順逆即指消息在橫圖僅出一陽一陰尚未說到數字不過數

從陽陰而生而伏羲十言之教說出消息二言已從順逆而倚數則可深信消息二言于繫文萬化上已署

其概上章橫圖凡例似尚簡畧茲再補充如下。

一層是太極不變。

二層兩儀變陽儀變陰儀則乾至復三十二卦即為姤至坤三十二卦陰儀變陽儀亦如之。

三層四象變太陽變少陰乾至臨十六卦即為同人至復十六卦少陽變太陰姤至師十六卦即為

遯至坤十六卦。

四層八卦變乾至泰八卦從陽儀與太陽之象觀之皆為陽爻易以陰爻即為履至臨八卦下類推。

五層乾至大壯四卦以陽變陰即為小畜至泰四卦下類推。

六層乾夬二卦以陽變陰即為大有大壯二卦下類推。

七層一陽一陰互易乾夬共成一陰一陽下類推。

就位推之皆消息之理此即窮則變變則通之理自來言易者惟郭雍傳家易說總論中說卦一文已提

及橫圖之理，然不肯公然揭出，宋人諉邵雍，詗邵氏於易不肯示人，以傳其子溫伯，為宋人所公認，郭雍亦然，雖宗二程張載，而說卦一文得橫圖之變化，惟鄭玄言伏羲十言之敎，八卦八言，增以消息二言，郭雍不能以卦字代消息作九言，仔細明辨，知卦之一言實不能代消息二言，因一卦之中有陰有陽，非消息不能明其變化，此郭氏之誤書名傳家，知有己而不知有人，此其失也。玩橫圖重在卦位，位是一定不易，所謂位者，初爻三十二位，二爻十六位，三爻八位，四爻四位，五爻二位，上爻一位，躐等即失位。例如：

乾卦初上兩爻變，初爻三十二位，上爻一位，相加為三十三位，其卦為大過，乾距大過正三十三位。

乾卦二五兩爻變，二爻十六位，五爻二位，相加為十八位，其卦為離，乾距離正十八位。

乾卦二爻三爻四爻變，二爻十六位，三爻八位，四爻四位，相加為二十八位，其卦為益，乾距益正二十八位。

乾卦初爻三爻五爻變，初爻三十二位，三爻八位，五爻二位，相加為四十二位，其卦為未濟，乾距未濟正四十二位。卦可以如此推之，惟消息順逆，朱熹九圖及啟蒙附論之三十二圖使人不能了解者，因未將消息之理說明所致。

五．論易與算不可分離

卦由數起易算原不可分離惜治易者往往不知能算者往往不知易彼此隔離不能溝通橫圖在折中啟蒙家附論中已列冪形應洛書九位一圖冪形為算法之原二圖加倍變法圖三此三圖皆由九章推八卦江永擴而充之在河洛精蘊承啟蒙家作乘方法合畫卦加倍法書一圖以為偶然符合載入外篇是江氏有所懷疑故无切實語予昔作乘方法合橫圖一文茲列乘方求廉合橫圖如下

此圖推歸藏一陰一陽之成圖至五
乘方以下之求積的算法載下章連
山蠱測一章內以明連山出於歸藏
因遞生之理同與周易有別老子曰
道生一一生二二生三三生萬
物萬物負陰而抱陽沖氣以為
和。

道生一一即太極是為數根一生二
二即一陰一陽即是兩儀是為方根
二生三三即四象即二二其數三中間

數根
太極 一
　　　　 一陽　方根
兩儀 一陰 一陽 平方
四象 一陰 二陽陰 一陽 立方
八卦 一陰 三陽陰陽 三陰陽陰 一陽 　三乘方
重畫卦 一陰 四陽陰陰 六陰陽陽 四陰陽陽 一陽 四乘方
五畫卦 一陰 五陽陰陰 十陽陰陰 十陽陰陽 五陰陽陽 一陽 五乘方
六畫卦 一陰 六廉 十五廉 二十廉 十五廉 六廉 一偶方

之二有陰有陽。兼方求原圖交叉讀之在兩儀四象八卦三項皆成一二三王弼注此以无字為主殊

失老子之本旨老子又云

萬物並作吾以觀復夫物芸芸各復歸其根。（祖蘇按。一本無復字。歸根曰靜是謂復命祖蘇按。一本復命曰常，

老子此說與道生一一節是聯系的。余懷疑老子未見周易左傳昭二年在晉韓起聘魯見易象周易在

魯而不在他國於此可證。

六 圖式

橫圖已詳乃述方圖見下附圖一及附圖二此圖始見於朱震漢上易卦圖。上卷四頁方容納圓圖之內名曰

伏羲八卦圖朱震云右圖王豫傳於邵康節而鄭史得之歸藏初經者伏羲初畫八卦因而重之者也朱

熹又轉載易本義及易學啟蒙後人著易亦多列此圖惟余所附圖二與原圖微有不同本義云。

方布者乾始於西北坤盡於東南其陽在北其陰在南。

余不贊同朱熹之說乾始於西北坤盡於東南已據洛書立說不如用橫圖八折之乾始坤終之出於自

然。至方形圖下列四圖惟歸魂游魂圖合於周易之序其餘各圖只能用於歸藏不能用於周易。

易學經典文庫

方圖第一圖

乾	夬	大有	大壯	小畜	需	大畜	泰
履	兌	睽	歸妹	中孚	節	損	臨
同人	革	離	豐	家人	既濟	賁	明夷
无妄	隨	噬嗑	震	益	屯	頤	復
姤	大過	鼎	恒	巽	井	蠱	升
訟	困	未濟	解	渙	坎	蒙	師
遯	咸	旅	小過	漸	蹇	艮	謙
否	萃	晉	豫	觀	比	剝	坤

第一圖方圖的說明：

方圖根據橫圖繪出，橫圖六十四卦位八折之，每宮八卦為橫行，順次排為上下八層，橫看各層各有八位，縱看各層各隔八位，明乎此方能各將世應各推算正確。但皆不結合橫圖，究著書人對於方圖橫圖恒多研，圖與方圖譬猶人身之骨肉血脈相聯，而不知其分離。若僅用方圖，警棄橫圖，是知其偏而不知其全。茲僅繪下列四圖，而說明橫圖是體，方圖是用。

第二圖

（圖中斜列卦名：乾、兌、離、震、巽、未濟、咸、否；坤、泰、損、既濟、坎、益、恒、艮、坎、震等，沿對角分佈。）

第二圖上世與三世卦

一、上世卦其序為乾一兌二離三震四巽五坎六艮七坤八之位，乾坤交錯，兌艮交錯，離坎交錯，震巽交錯，損咸與既濟未濟與益恒各相交錯，又相交錯。

二、三世卦為否（乾三世）咸（兌三世）未濟（離三世）恒（震三世）益（巽三世）既濟（坎三世）損（艮三世）泰（坤三世）之位，否與泰咸與損未濟與既濟恒與益各相交錯，又相……

綜說明：

方圖既從橫圖六十四卦用八分為八層，每層各有……

八位，從乾至坤，否至泰，各畫一斜綫，一為乾兌與咸
離與震巽坎坤的上世卦，一為乾與否，兌與咸，
離與未濟，震與恒，益坎與既濟，艮與損，坤
與泰相對的三世卦。由兌本位下數
本位下數一層至恒為八位，兌行上下各去一
位為五十六位，由兌本位下數七層至咸至否
位，由離本位下數五層至咸為十六位，由震
一層八位計算，故乾與否相隔七層，即隔五
十六位，離未濟相隔一層即隔八位。
三層即隔二十四位，震恒相隔一層，即隔八位，
六位，兌咸相隔五層即隔四十位，離未濟相隔
一層八位計算，故乾與否相隔七層，即隔五
二層即各少十六位，在方圖上的卦位距離與
自56至40，自40至24，自24至8，卦位上下各少
三層即隔二十四位，震恒相隔一層，即隔八位，
六位，兌咸相隔五層即隔四十位，在方圖上的卦位距離恰
一層八位計算，故乾與否相隔七層，即隔五
横圖上的卦位距離恰相符合。
坤至泰艮至損坎至既濟巽至益可用同一法
理推算亦无不合。但坤艮坎巽應各就本位上
推計算是陰陽順送不同的緣故。

圖　三　第

第三圖一世卦與四世卦

一、一世卦如姤（乾一世）、旅（離
一世）、節（坎

二、一世卦如豫（震一世）、小
畜（巽一世）、復（坤一世）、困（兌一世）、旅（離
一世）、賁（艮一世）、節（坎
一世）、姤（乾一世）各相

一、四世卦如觀（乾四世）、无
妄（巽四世）、蒙（坎
四世）、升（震四世）、大
壯（坤四世）、革（兌四世）、賁（艮四世）、節（坎四世）、革（兌四世）與无妄亦然

二、四世卦睽與復困與睽賁與節豫與小畜各相交錯，觀與
大壯震與復困與睽賁與革升與无妄亦然

說明：
由乾本位下數至姤，由兌本位下數至困，由離本位
下數至旅，由乾本位下數至姤，由兌本位下數至困，由離本位

下數至旅，由震本位下數至豫均隔四層即各相隔三十二位，由坤本位上推至復由艮本位上推至賁至小畜亦均隔四層即坎本位由乾本位下數至坎本位下數七層又從右向左四位至賁即兌震相隔四十位至家即離相隔二十八位由震下數一層又從右向左四位至家即離相隔二十八位由震下數一層又從右向左四位至升。

乾觀相隔六十位至家即離相隔四十四位由兌本位下數五層又從右向左至觀即。

數三層又從右向左四位至升。即震升相隔十二位兌從七層與橫圖距離均同由各少二層即各少十六位至與橫圖距離均同由坤本位上推七層又從左向右四位至大壯得六十即坤與大壯相隔六十位由民至照由坎至革由巽至无妄即從上例可以推算不過坤離坎巽須用上推又須從右向左推進與乾兌民坎巽相異是為陰陽順逆不同的緣故。

第四圖 二世與五世卦

二世卦如遯（乾二世）萃（兌二世）鼎（離二世）家人（巽二世）屯（坎二世）大畜（艮二世）臨（坤二世）遯與臨萃與大畜鼎與屯解與家人均相交錯五世卦如剝（乾五世）夬（兌五世）履（艮五世）謙（兌五世）豫（震五世）渙與豐井與噬嗑亦均相錯。

說明：由乾本位下數六層至遯得四十八位即乾遯相隔四十八位由兌本位下數六層至萃。

得西半之位。即兌萃相隔四位。其位由
下數二層至鼎。得十六位。即離解相
隔十六位。由乾本位下數
位至剝共得六十二位。即乾剝相隔六十二位。
由兌本位下數五層至謙。得四十六
位。由離本位下數三層。又從右向左相隔二十
六位。即離渙相隔二十六位。至井相
位。由震本位下數一層。又從右向左相隔
相隔四十六位。由離本位即離渙相
又從右向左。即坤本位。由巽至蠱亦從
得十位。由坤本位上推下
六十位。由坎至家人。由巽至蠱
上例可以推算。如上數下推上右向左左向
右的不同。亦無非陰陽順逆相推的緣故。
右圖二世卦……別之五世卦……別之。

第五圖歸魂與游魂的卦：

歸魂卦。如大有（乾歸魂）。
歸妹（兌歸魂）。同人
（離歸魂）。隨（震歸魂）。
比（坤歸魂）。師（坎歸魂）。
蠱（巽歸魂）。漸（艮歸魂）。

游魂卦。如晉（乾游魂）與師比。
大過（震游魂）。頤（巽游魂）。
明夷（坎游魂）。訟（離游魂）。
小過（兌游魂）。

游魂與漸。同人與師。歸魂
妹與漸。歸魂

過與中孚。訟與明夷。大過與頤。均
相交錯。隨對明夷。大過與頤。均
相交錯。隨卦頤其
歸妹對小過。其卦同在一宮。同人
對明夷。其

第 五 圖

需坤　　　　大有乾
　中孚艮　歸妹兌
明夷坎　　　　同人離
　　頤巽　　　隨震
　　蠱巽　　　大過震
師坎　　　　　　　訟離
　　　漸艮　小過兌
　　　　　比坤　晉乾

三易新論

145

卦不同宮因游魂為變。

說明：

在橫圖乾向左二位大有否亦向左二位晉兑向左二位歸妹咸亦向右二位同人未濟向右二位訟震向右二位隨恒向右二位大過巽向左二位蠱益向左二位師既濟向左二位明夷艮向右二位漸損向右二位中孚坤向右二位比泰向左二位需其所以向左向右均以本卦第二爻為標準十隔艮應向左陰爻應向右亦適用陽順陰逆的緣故。

右圖歸魂卦以一一別之游魂卦以一一別之。

大有與晉此與需皆隔七層即相隔五十六位歸妹與小過中孚與漸隔五層即相隔四十位同人與訟明夷與師隔三層即相隔二十四位隨與大過頤與蠱隔一層即相隔八位均與橫圖位次相合。

就方圖全圖來說橫圖六十四卦既包括在方圖之內第二圖斜叉兩線有乾兑離震巽坎艮坤本卦的上世卦又有相應否咸未濟恒益既濟損泰的三世卦已共有十六卦存在又第三圖一世卦的八卦本卦四世卦的八卦本卦又有十六卦相應第四圖更有二世卦八卦五世卦八卦又有十六卦如圖綜合二三四套圖共有四十八卦尚有十六卦空隙有第五圖歸魂游魂補充之適填滿六十四卦於其間始終消息。无非陰陽錯綜變化之作用易道四端尤重要在於通變趣時制器尚象即就第二圖交叉兩線說者謂之易機之經緯无非錯綜作用學易要務首在序卦之鑽研將由淺入深由顯入隱即所謂易簡精微始作也簡將成也鉅。

146

坤息圖

泰1	2	3	4	大壯1	2	夬1	乾
臨1	2	3	4	5	6	7	8
9	10	11	12	13	14	15	16
復1	2	3	4	5	6	7	8
25	26	27	28	29	30	31	32
17	18	19	20	21	22	23	24
9	10	11	12	13	14	15	16
坤1	2	3	4	5	6	7	8

共隔1卦為乾即坤上爻之變。

大壯2卦至夬即坤五爻之變。

泰4卦至大壯即坤四爻之變。

臨8卦至泰即坤三爻之變。

復16卦至臨即坤二爻之變。

坤32卦至復即坤初爻之變。

乾消圖

8	7	6	5	4	3	2	乾1
16	15	14	13	12	11	10	9
24	23	22	21	20	19	18	17
32	31	30	29	28	27	26	25
8	7	6	5	4	3	2	姤1
16	15	14	13	12	11	10	9
8	7	6	5	4	3	2	遯1
坤	剝1	2	觀	4	3	2	否1

遯8卦至否即乾三爻變。

否2卦至觀即乾四爻變。

觀2卦至剝即乾五爻變。

剝1卦至坤即乾上爻變。

姤16卦至遯即乾二爻變。

乾32卦至姤即乾初爻變。

三易新論

147

A. 消卦息卦亦是及虞翻繫辭注云「十二消息」謂九六相摻曰九曰六。是乂之變之明證。

B. 前橫圖已言消息之理經不及方圓明顯兹復繪方圓消息圖以明32卦64爻絲非級數之理。

C. 荀爽繫辭注「息卦為進消卦為退」荀說息卦消卦亦非指卦實指爻九家易泰卦注「陽息而升陰消而降」又曰「陽稱息者長也起復成巽」是言陰爻變陽爻為息舉以坤卦七項為例。

1. 由坤息剝比觀豫晉萃否謙艮蹇漸小過旅咸遯師蒙坎渙解未濟困訟升盤井巽恒鼎大過始32卦而至復復為坤初爻之變即九家易所謂「起復成巽」是言進。

2. 由復息頤屯益震噬嗑隨无妄明夷賁既濟家人豐離革同人16卦而至臨臨為坤二爻之變。

3. 由臨息損節中孚歸妹兌履復8卦而至泰泰為坤三爻之變。

4. 由泰息大畜需小畜4卦而至大壯大壯為坤四爻之變。

5. 由大壯息大有2卦而至夬夬為坤五爻之變。

6. 由夬息乾陽1卦為乾乾為坤上爻之變後世云圖以坤為首是進非退昧於消息之理。

7. 歸魂即坤息卦息二位為比游魂即泰息二位為需。

上繪坤息卦圖以明之。

D. 又如乾卦荀爽繫辭注云「陰言消者起始終乾」是言陽爻變陰爻為消亦可舉上項為例。

易學經典文庫

148

1. 由乾消共大有大壯小畜需大畜泰履兑暌歸妹中孚即損臨同人革離豐家人既濟賁明夷
无妄隨噬嗑震益屯頤後32卦而至姤。姤為乾初爻之變即起姤終乾。是退荀氏云起終之說是兼
乾坤而言之。

2. 由姤消大過恆巽井鹽升訟困未濟渙坎蒙師16卦而至遯遯為乾二爻之變。

3. 由遯消咸旅小過漸寒艮謙8卦而至否否為乾三爻之變。

4. 由否消萃晉豫4卦而至觀觀為乾四爻之變。

5. 由觀消比2卦而至剝剝為乾五爻之變。

6. 由剝消坤隔1卦為坤坤為乾上爻之變乾坤二卦其位皆反向。

7. 歸魂即乾消二位為大有之游魂即否消二位為晉。

上列乾消卦圖以明之。

E. 茲畧舉乾坤二卦消息之定例其餘六十二卦可類推但遇陰爻陽爻消與息不可誤排。

F. 消息之理漢人謂之陽升陰降升降繫辭未見陽升即陽爻變陰爻是息，陰降即陰爻變陽爻是消至
周易爻變尚變通不尚消息惟初爻32位二爻16位三爻8位四爻4位五爻2位上爻1位與橫圖

友方圓則相同，

圓圖言錯不言 綜朱熹本傳圓圖云。

布圖者乾盡午中坤盡子中離盡卯中坎盡酉中陽生於子中極於午中陰生於午中極於子中。

朱熹布圖之說殊非，橫圖似伏羲所畫八析為方圖環之自乾迄坤為圓圖何必再用布方布圓之說在

啟蒙謂是引邵雍之說而邵說在皇極經世之亦是一疑問邵伯溫邵氏聞見錄卷九云。

康節先公先天之學伯溫不肯不敢稱贊

伯溫之說如是其子博邵氏聞見後錄卷六詰陳瓘語亦同總之易圖釐正者少即有解說亦少肯定論斷。

圓圖宋以後各家著述除漢學家外咸喜載之然雜標難免明來知德集注卷末七頁先天六十四卦圖

圖原龍於朱元昇三易備遺胡安世大易則通龍於之改變舊圖見附圖四惟圓圖之方位是錯當從來氏六

十四卦生兩儀圖為正見卷末九頁。朱來胡三氏皆喜言象而不知象不能離消息故措辭繁需要

一圓是錯不是綜明了錯的理方可以讀圓圖若把來氏之圖來求橫圖之錯仍不能了解六十

四卦

二圓之組織在錯所謂錯者就是六十四卦卦相對陽錯陰陰錯陽者是如乾☰至坤☷。

相距為六十四卦令朱震之圓圖相距只有三十二卦與六十四卦之理相悖。

三圓圖之排列仍當以乾☰一兌☱二離☲三震☳四巽☴五坎☵六艮☶七坤

䷸八。

三、依次序排列之兩卦相對即是相錯。

四、圓圖即將橫圖成環形讀之，例如乾坤自乾順行一圈至坤，即六十四卦。

五、兩卦相錯成六十四卦，如下表排列：

1　乾☰☰　坤☷☷　乾經坤順行共六十四位，反送坤逆行至乾同，與周易序同。

2　夬☱☰　剥☶☷　夬至剥六十二位。

3　大有☲☰　比☵☷　大有至比六十位。

4　大壯☳☰　觀☴☷　大壯至觀五十八位，

5　小畜☴☰　豫☳☷　小畜至豫五十六位，

6　需☵☰　晉☲☷　需至晉五十四位。

7　大畜☶☰　萃☱☷　大畜至萃五十二位。

16	15	14	13	12	11	10	9	8
遯 臨	咸 損	旅 節	遯 寧	漸 歸妹	蹇 睽	艮 兌	謙 履	否 泰

臨至遯三十四位。

損至咸三十六位。

節至旅三十八位。

中孚至小過四十位。與周易序同。

歸妹至漸四十二位。與周易序同，

睽至蹇四十四位，

兌至艮四十六位。

履至謙四十八位。

泰至否五十位。與周易序。

升　无妄　訟　睽　困　賁　既濟　解　家人　渙　豐　坎　離　革　蒙　師　同人

无妄至升十六位。

明夷至訟十八位。

賁至困二十位。

既濟至未濟二十二位。

家人至解二十四位。

豐至渙二十六位。

離至坎二十八位。與周易序同。

革至蒙三十位。

同人至師三十二位。

32	31	30	29	28	27	26
姤 復	大過 頤	鼎 屯	恒 益	巽 震	井 蠱	隨

復至姤二位。

頤至大過四位。

屯至鼎六位。

益至恒八位。

震至巽十位。

噬嗑至井十二位。

隨至蠱十四位與周易序同。

圓圖在各注中惟明來知德集注卷末七頁圓倍乘方圓重一圖中圓圖可采而方圖則以四立即立春立

秋立十二月二十八宿雜入圖中又顛倒方位出於杜撰又六十六十四卦出於兩儀圖始乾終坤使人

易悟又頁七十六十四卦陰陽倍乘之圖與上圖同而顛倒其卦位使學者迷惑不知何意茲卦圓圖列下

易學經典文庫

按此圖為來氏知
德據朱元昇所列
者胡安世襲之其
實方位是錯的。

155

來氏集註，注重錯義但不知錯即消息。如上表兩卦之錯即老子所謂夫物芸芸各復歸其根者是在剝

二三三之象君子尚消息盈虛。來氏注云。

消息者盈虛之方始，盈虛者消息之巳成，句說得不見切實，祖緣按來氏此二消息盈虛四字皆以陽言，祖緣按來

合遘輯陽消陰息，巳成易之名詞，復者陽之息，姤者陽之消，乾者陽之盈，坤者陽之虛，此正陽消而胖虛之時也。祖緣

按來氏此注全以陽字立說殊非。

至覽三三之象曰日中則昃月盈則食，天地盈虛與時消息。來注至虞來氏注易卷首列圖象而後人則

又作圖象補遺此補遺並非他人所作乃出瞿塘日錄為瞿塘言消息二字實言不由中消息即錯即

消息惟來氏以息者端息也，呼吸之氣此此說雖據說文究於義不相涉鄭玄舉出伏羲十言之教消息

二言實情歸藏兹述其大畧如此。

七、消息辨義

古人以消息解周易，始於虞翻，至清吳中惠士奇父子繼之張惠言以惠氏之說尚非嚴正兼雜以他家。

乃作周易虞氏易九卷消息二卷逆開後人治虞學之風然承其學者粗枝大葉而昧於家法為程紀磊

著周易消息十四卷劉氏嘉業堂吳興藏書刻本作十五卷圖首卷原作上下兩卷言實少要自虞翻以來皆于闡明十言之教為伏羲

之易乃附會於文王之易。殊失其本而來知德言錯以乾坤坎離大過頤小過中孚八卦為錯否泰既濟

未濟歸妹漸隨蠱八卦可錯可綜殊失立言之旨錯與綜根本不同來氏并為一談，无怪杭辛齋以一談

即錯讒之是由於不知歸藏與周易之別混而為一，故有此種不經之論昔余以今之治漢易者家法混

消乃著周易孟氏學以虞氏五世治孟氏易辨明虞翻之易已非孟說實雜視伯陽參同契之說，如釋文

虞翻注參同契云易字從日下月又注襲傳象者明即用魏以納甲之類乃是確證魏居上虞虞氏言

姚。兩邑就連因地域關係虞翻已受到魏伯陽參同契上篇學說之影響而又拾徐景休之說。故虞氏言

消息是片面的三國志虞翻傳注引別傳翻初立易注奏上曰

又臣郡吏陳桃夢臣與道士相遇放髮被鹿裘布易六爻撓其三以飲臣臣乞盡吞之道士言易道

在天三爻足矣當臣受命應當知經。

荃文陋而且俗虞氏以十二消息為全注之綱領從未將六爻之消自源源本本寫出而以撓三爻足矣

一句塘塞之是虞氏言消息實不能盡消息之緼惠棟周易述多述虞注又雜他說而不肯加以辨別使

讀者不能辨別家數發明真理此惠氏未能正三易之大別因漢時治易施孟梁丘京四家各樹一幟互

相攻訐師法久失馬融治費直易予乃作馬氏易傳疏證考其是非釋其疑滯南通徐昂得余書未三日

特正四條來告徐昂治京氏易又治虞氏易其第一則貴之六四證以鄭氏爻辰第二則頤之九四以京

氏飛伏第三則大過九五。以虞氏大過從大壯來第四則革卦之象水火相息句，以息字與消息之息字

相同，徐昂以京虞兩氏之說以詰馬氏，昧於家法，不知此一息字實為熄滅之熄，而非消息之息，以卦言

之革為坎宮四世卦，象言水火相息曰水指革在坎宮曰火，指坎宮一二三爻已變，離離為火，故曰水火

相息以水制火則息當從馬氏作熄為正，而徐君迷於京虞兩家之說以正，余說茲錄全文，並錄徐君按

語。余之原文水火相息如下。

釋文，息，馬云滅也。

集解引鄭玄注水火相息而更用事，猶王者受命改正朔，易服色，故謂之革。

王弼注，凡不合而後乃變生變之所生，生於不合者也，故取不合之象以為革也。息者生變之謂也。

火欲上而澤欲下，水火相戰而後生變者，二女同居而有水火之性，近而不相得也。

祖縣按，釋文息說文作熄，火部。十屬上，熄下不稱易以釋文證之，似說文有奪字也。馬息滅也，猶言以

水滅火也，鄭玄注，水火相息而更用事，則息不作消息之息，釋亦滅也，王弼注以生變釋息變，即

革此正義以戰以侵尅，侵尅亦滅矣。

馬鄭王三說皆以息非消息之息，乃熄滅之熄，可證，余作馬氏疏證引鄭者為馬氏之弟子引王弼者王

雖掃象彌祖凱與劉表為甥舅，弼得表餘緒，表亦治費氏易者，而徐昂云

草卦六爻惟九四一爻失位變之正邊成未濟（祖綬按虞氏言消息離火在下而炎上，草內卦之例如此非費氏易。草內卦坎，

水在上而潤下（祖綬按草為坎宮四世卦四爻，坎已變兌，兌宮猶可云坎已變兌已無坎象，若云草廟坎宮猶可。而子水胎於午火火胎於子水。祖綬按又云坎子水午火一陽生，離午火一陰生。祖綬按此四句徐君附會且外卦兌已無坎象，若云草廟坎宮猶可析，亦無坎象。而子水胎於午火火胎於子水。祖綬按又出胎雜易立說，四爻變，謂息為更相用事。祖綬按鄭玄謂更用事，無相用事。祖綬按王弼注亦無滅象，徐君有京氏易傳之謂息為更相用事。祖綬按王弼注息為變生息，亦含滅義，徐君有京氏易傳之息字更用事，即滅字之意。王弼訓息為變生，息立說，亦含滅義，徐君有京氏易傳之著述京氏於草卦有大變，相字更用事，即滅字之意。王弼訓息為變生，息立說，亦含滅義，徐君有京氏易傳之生而為熱不作生息解。與馬氏之釋滅有別消息兩字息與消成對象息非滅之謂也。

孔穎達正義疏之甚明其言云，

徐說據虞翻注息長也，以諸書息訓滅為非，欲抑馬而伸虞，犯昧於家法，至王弼訓息為變生又生變，

曰草者此就二體釋卦名也，水火相息先就二象明草息生也，火本乾燥，澤本潤濕，濕燥殊性不

可共處，若其共處必相侵尅，既相侵尅其變乃生變，生則本性改矣，水熱而成湯火滅而氣冷，是謂

草也。

八、歸藏卦名為後人妄改說

以孔疏證之，王弼生變與馬氏之釋滅無別，而徐即泥於虞翻之說，以曲解王說，徐即四證中，與消息有

關，故特舉之。

歸藏連山古人曲說至多。如歸藏卦名多異字坤為與民為很坎為犖震為犖需為遯小畜為小毒畜臨

為林禍升為稱剝為僕无妄為母亡大畜為大毒畜觀為瞿家人為散家人為澳為與解為荔損為員咸為

誠旅為欽節為規明夷為夜謙為兼睽為分賁為岑需遯為逐盎為罽隨為馬徒此皆後人妄改不足為

訓雖經干寶李遇黃宗炎朱彝尊之攷證皆非定論故不入正文桓譚新論謂歸藏四千三百言以鄭玄

伏羲十言之教證之桓氏四千三百言是為歸藏之縣辭且縣辭多偽故不舉清人徐善著徐氏四易徐

嘉興人其書已佚識人治歸藏以謬以陋以附會以肆四者即指乾君坤藏而言此亦不足為訓又歸藏

有齊母鄭君二經母為坤而齊而鄭不知何義郭璞爾雅注引齊母山海經注引鄭母抑齊人治歸藏曰

齊母鄭人治歸藏曰鄭母語皆縣辭故亦不舉

三易新論　上卷

第八章　連山蠡測

沈祖緜　祗民學

一、連山述要

連山與歸藏孰先孰後周禮太卜鄭玄注引杜子春云。

連山宓戲歸藏黃帝。

據杜說是連山先於歸藏然以成卦之因推之非歸藏不能成連山孔穎達正義云。

案世譜等羣書神農一曰連山氏亦曰列山氏黃帝一曰歸藏氏既連山歸藏並是代號。

世譜等書雖有記載然非信史國語魯語上昔烈山氏之有天下也韋昭解云。

烈山氏炎帝之號也起於烈山禮祭法以烈山為厲山也。

左傳昭二十九年有烈山之子曰柱為稷杜預注云。

烈山氏神農世諸侯。

韋解杜注不類而賈鄭皆以烈山氏為炎帝之號班固漢書古今人表炎帝神農氏下烈山氏歸藏氏則

列山非神農氏之別號歸藏非黃帝之別號可證班固此表繼世相次總備古今之略要較諸書為勝汪

中述學釋連山以孠義為允亦不贊同連山的解釋鄭玄周禮太卜注云。

名曰連山以山出內氣也。

魏志高貴鄉公記易博士淳于俊曰。

故易者變易也名曰連山似山出內氣連天地也。

孔穎達易正義曰。

連山者象山之出雲連連不絕。

似孔據他本而言其實辭連山二字三說皆非連山者猶山脈連亘不絕之意別無其他意義由二儀加

至十二層即是連山在焦贛易林已發其端即一卦變為六十四卦者是惟易林不以歸藏之序為序而

以周易之序為序痲以為焦氏未必如此殆後人稍治周易者未明連山序卦之蘊而以周易之序為序

改定焦氏之書要之易林一書與桓譚所見連山八萬言字數不相上下是焦贛擬議連山縣辭雜以秦

漢時事與連山縣辭異然以乾卦之六十四卦而論乾之豫禹鑿龍門通利水源乾之剝大禹戒路蚩尤

除道乾之中孚舜升大禹石夷之野等語似覬連山縣語辭焦於連山之真理絕未闡發而所作縣辭頖

似啞謎射覆且錯簡殊多

連山之易由消息二言而來無非以一陽一陰由歸藏五乘方加至十一乘方一卦變六十四卦六十四卦遞乘變四千九十六卦其卦數與焦贛易林之數合江永河洛精蘊卷六乘方法合畫法加倍法暨圖說即是歸藏六乘方至十一乘方圖暨圖說即是連山啟蒙附論創於前江永河洛精蘊繼於後實於易不謂無見而江氏對於乘方得四千九十六卦適與連山之數合易是數舍數可不必言易歸藏連山漢人之說雖亡佚以啟蒙附論各圖可探賾索隱而得其緒江永河洛精蘊卷六外論結論忽游移其辭乃云。

按易之一卦變為六十四卦因爻有九六而變其變卦列之於旁非累加於六畫之十二畫也。

祖緯按此句江氏以周易解歸藏連山真是風馬牛不相及與翩易陽爻變用九陰爻變用六更不涉

祖緯按此二句大謬特謬昔先子於清代學服膺江戴在周易示兒錄下編解焦氏易林從江氏立說未加因啟蒙有漸加之說與乘方之理相符故圖之其實卦變之畫如是而止祇知有六畫不知韓正。

有十二如乘方過多與天齊亦無所用啟蒙又言累至二十四畫無終極似不必也。

祖緯按朱熹此說合於科學家言

江氏此說似未深究。

按江氏此節文字實為皖學之大玷不知連山是十二畫卦不是六畫卦而焦贛易林亦是十二畫不是六畫卦六畫者是歸藏和周易江氏以三易皆為六畫卦未免師心自用乘方是無終極的陰陽兩數的幾次方本質上是乘法運算所以他的幾次方自然是可以推到任何次方朱熹所謂無終極而江氏乃

認為不必漢然置之。且朱江二說亦未能證明五乘方為歸藏十一乘方為連山使後人并三易為一易。

在漢時對連山歸藏二易桓譚新論王充論衡間嘗及之雖桓譚之說未窺全豹而王說具在然對於二

易與周易之大別皆懸而未斷惟鄭玄注乾鑿度暑露端倪乾鑿度云。

易一陰一陽合而為十五之謂道陽變七之九陰變八之六亦合於十五則象變之數若之一也。

鄭玄注云。

九六爻之變動者繫曰爻効天下之動也然則連山歸藏占象本其質性也周易占變者効其流動

也象者斷也。

鄭注巳分析三易之異同言九六之變指周易七八不變指歸藏連山若以九六之變用於連山歸藏七

八不變用於周易不能貫通七八二字自漢至今類能言之　先子周易易解見卷以七為少陽以八

為少陰合之橫圖之四象見歸藏附圖一始有證據章未春秋內外傳筮辭攷證晉語楚子送公子重耳於秦公

子筮得國一文載其父偃友石居讀書記云。

揲蓍宜先別四象四象者老陽老陰少陽少陰也老陽三十六策四其九故曰九老陰二十四策四

其六故曰六少陽二十八策四其七故曰七少陰三十二策四其八故曰八。

其說與　先子之說合因　先子與章氏父子當時同周旋於劉熙載先生之門。故立說往往相似，

丙辰帝幸太學問諸儒曰聖人幽贊神明仰觀俯察始作八卦後聖重之為六十四立文以極數凡

斯大義囤有不備而夏有連山殷有歸藏周曰周易之書其故何也易博士淳于俊對曰包義因

燧皇之圖而制八卦神農演之為六十四黃帝堯舜通其變三代隨時質文各繇其事俊對按繇字

二易為絲繹ㄧ故易者變易也名曰連山似山出內氣連天地地歸藏者萬事莫不歸藏於其中也帝

又曰若使包義因燧皇而作易孔子何以不云燧人氏沒包義氏作乎俊不能答

觀此魏時對三易已在測泊之間晉人阮籍通易論云。見阮籍文集嚴可均全三國文卷四十五。

庖犧氏布演六十四卦之變後世聖人觀而因之。祖繇按對於卦如何觀如何象而用之祖繇按此

與用亦有研究之價值愚空而談實不合辯證之原理。因阮氏所謂易繇係連山所謂湯實係歸藏在阮

連山歸藏而上古之文不存。祖繇按上古連山歸藏不能見禹湯所作繇辭後世劉炫李過所偽作之

是所本。外消息二字至今尚存。至乎文王故繫其辭不辨三易之別于是

歸藏氏逝而周典代興經與。祖繇按特別提出歸藏氏頗有卓見。

通易論都二千八十七言茲擇要錄之其言禹湯之經皆在阮氏時禹湯所作之繇辭乃親見之至上

古之文不存。祇言消息二言歸藏由消息二言包括其義連山復由歸藏一陽一陰遞加至十

二層由一卦遞生為六十四卦卦是錯不是綜後人又把錯卦改立名目使讀易愈治愈亂如虞翻改

三易新論

165

錯為旁通。清人治虞氏易對錯與旁通始終以為是兩個未知是為一個。又虞氏注說卦傳八卦相錯云。

錯摩則剛柔相摩八卦相盪也。

虞氏以錯以旁通以摩以盪解得支離萬分解經有一定之界限不能文苑之士所作詩賦文章聲調不

協可任意為之此二者之分明如此至易之用字之嚴密又在先秦諸子之上

二 連山五證

連山之公式可以一陽一陰漸加至六畫盡之兹證明後人誤解之說如下。

一 干寶周禮注云

帝出乎震齊乎巽相見乎離致役乎坤說言乎兌戰乎乾勞乎坎成言乎艮此連山之易也。

干寶周禮注巳佚載賈公彥儀禮疏羅泌路史發揮論三易亦主是說其說非在說卦傳吳言洛書之位

與連山不相涉兹繪圖以明之

如圖據說卦傳解釋及卦位明定四正四維之方位按圖可索即闡明繫辭天一地二天三地四天五地

六天七地八天九地十流轉之法而干羅兩氏竟誤以為連山實南轅而北轍。

清代吳縣楊元畬著補正三易圖說余家藏本日寇陷解城亡佚。

先子周易易解中及之見原書卷十第十章楊繩武先考正

166

帝出乎震　南離二

補正歸藏圖一篇。祖縣按書名與

孝先生行述云。古相軒集及陳希恕楊忠文先生實錄卷四。

卦傳列天地定位三章明指三易卦位。而後儒莫知其解先

其為功於經學更大蓋說

府君乃各著為圖而立說。以推明之。以天地定位章為連山。

乾君坤藏章為歸藏。出震成艮章為周易。凡陰陽配偶之卦

連山皆相對。歸藏皆相連。其陰陽多寡之數相反。此皆法象

自然之妙。而非有所穿鑿者。自漢杜子春宋邵堯夫均闚其

機。而卒未能實指其義。至先府君始發明之崑山葉孝廉均

禧讀之。祖縣按。均禧方寫孫師事楊无咎。授歸藏易歷以

三十餘年。十易稿而成易圖說五卷書未梓行。

為先府君上距孔子二千一百九十年間

明絕學。

楊說不以出震成艮章為周易因此章實言洛書在周易組織中有時用之並非完全為周易立說至乾

君坤藏章實指河圖在橫圖八卦一層以橫圖分析讀之自明。

雷震以動之風巽以散之即橫圖之八卦一層震巽二卦相連說卦傳以震巽二卦為中心點生成

四九為友同。

三易新論

167

雨坎以潤之日離以烜之。如橫圖巽與坎連震與離連的外推進推出一步。

艮以止之兌以悅之。如橫圖坎與艮連離與兌連又向外推進推出一步。

乾以君之坤以藏之。句言歸藏二字之真諦如橫圖兌與乾連艮與坤連又向外推進推出一步。

乾專坤翕乾直坤闢乾健坤順之理即是錯換言之即是雌雄交媾郭沫若中國古代社會研究周易時代的社會生活特舉出云。

先子特舉楊氏之說自來注此節者至多皆先楊氏之諦其說合乎繫辭齊大小者存乎卦又合於繫辭陰所以由此而演出男女父母陰陽剛柔天地的觀念。

八卦的根底我們很鮮明地可以看出古代生殖器崇拜的孑遺畫二以像影根分而為二以象女

郭說與專翕直闢之說合讀者或以為藝不知繫辭已言男女構精萬物化生在坤卦文言已達大生之旨。一顯一隱皆有合於易道之至理。一張橫圖重在錯錯則雌雄交媾八卦相錯由一陰一陽相錯而成。

錯有交意楚辭國殤王逸注錯交此是其證至楊无咎以天地定位章為連山亦多此一舉連山之次第。

當認定為出於歸藏並可證明天地定位章與乾君坤藏章是一致不過說卦傳反覆詳言之使學者知

卦象之用不至誤解兹把兩章統一起來即可明瞭。

168

天地定位。⋯⋯即乾以君之坤以藏之。

山澤通氣。⋯⋯即艮以止之兌以悦之。

雷風相薄。⋯⋯即雷以動之風以散之。

水火不相射。⋯⋯即雨以潤之日以烜之。

或以兩章措辭次第不同因而楊无咎懷疑兩章各具一義彼此不能相通當以楊无咎天地定位章為連山易乾君坤藏章為歸藏易分別二易為然余乃答曰當堆算兩易之數可通惟稍繁爾說卦傳先後文不一例者蓋當時尚竹簡竹簡顛倒謂之錯簡此恐錯簡少此證證連山出於歸藏為第一事二周易首乾歸藏首坤連山首艮之說自晉人皇甫謐始此像鑿空之談漢魏以前无人道及又創三統之說更覽奇離劉歆以下宋人說邵雍說見皇極經世方愨說見禮記集解朱震說見漢上易傳等蔡元定說見皇極經世注鄭東卿說見周易羅泌說見路史發李過說見西王應麟說見困學紀聞朱元昇易說見三易備遺朱隱老以下明人說見朱皇極經世說王道說見孫奇逢見以下清人說尤侗齋說雜記等皆依附皇甫謐首艮之說兼及三統術而以升前圖其術求之亦與其說異皇甫之說咸屬空談此可證連山首艮之說出於皇甫氏之偽造與劉炫偽造之連山同一炫人之舉其說不足信因皇甫謐不知連山是由歸藏增至十二畫一卦變六十四卦而來。

三．摞著之法周易尚變凡遇九記為〇稱老陽遇六記為×稱老陰以之變為占此周易以大衍之數。

為求策之定例而歸藏連山以七八不變為占以七為少陽遇陽爻不尚爻變不必以八為少陰遇陰

爻不變記以一與周易不同故周易實與歸藏連山之立成不合歸藏連山祇有畫卦不尚爻變不必從

言變是一陽一陰祇是呆板的排列即今之横圖由一陽一陰順行從乾至坤成六十四卦觀横圖從

乾至坤是一陽一陰與繫辭所云一陰一陽之謂道似不相符但能知消息之理即能了解此句之旨。

乾消至坤坤息至乾陰陽互易上下相錯一陽一陰消息而為一陰一陽以錯字解道字其義始顯換

言之即繫辭所謂生生之謂易亦即禮記郊特牲所謂陰陽和而後萬物生之義老子有言萬物負陰

而抱陽冲氣以為和亦符消息之理如不明消息則一張横圖是死板的即犯獨陰不生獨陽不生義見

梁莊三之弊至周易以通變立說又較消息進了一步惠棟周易述以乾鑿度易一陰一陽合于十五

年傳文之謂道解之不知十五乃洛書之數與消息實不相謀惠棟又引參同契三統曆太玄三說愈說愈

不合宋邵雍程頤朱熹輩雖有解釋要皆膚淺朱熹本義以陰陽迭運立說陰陽迭運四字似指消息

立說然亦未明其蘊黎世序河上易傳演繹朱氏之說云。

一陰一陽兩相匹配迭運不窮此即所謂道也舍此而外別無所謂道也。

黎所謂兩相匹配即乾消至坤坤息至乾者是至迭運不窮言消息之陽可消陰陰可息陽即是消息繫

乾之第二百一十有六，坤之策百四十有四，凡三百有六十，當期之日，二篇之策萬有一千五百二十，當萬物之數也。

荀爽韓康伯皆有注，韓注簡而明，雖以周易六爻及上下經立說，與歸藏六畫之卦策數可以相通，惟不能卦卦相錯，皆成三百六十策，至連山為十二畫卦，為歸藏策數加至六層，得七百二十，韓注云。

陽爻六一爻三十六策。〔祖縣按三十六策數之所生有二說，一說以四時立說，陽數在盛夏為九，以九歸奇之數為五為四，又為四，相加為十三，從四十六減之得三十六。一說以大衍之用四十有九，在周易十八變而成卦，三變歸奇之數為九又為八又為六，相加為二十，從四十九減之得二十四，詳大衍章。〕六爻二百一十六，陰爻六一爻二十四策。〔祖縣按陰數在隆冬為六，以四時立說，陰數在隆冬為六，以六歸奇之數為四，以四相加為二十，五從四十九減之得二十四，詳大衍章。〕六爻一百四十有四，二篇三百八十四爻，陰陽各半，之半為三十二，其用詳下表。合萬一千五百二十策。

至期字陸績注云，十二月為一期，陸說是，陸韓之說指周易而言，然與橫圖對比之相合，因橫圖乾消於坤，坤息於乾，皆成三百六十，其他六十二卦，一消一息，亦皆成三百六十，橫圖以畫而每畫之陽陰亦可以策數計之，然尚肯定一年之日期，晝而一年之日期，終在三百六十之內，足證橫圖即是歸藏而連山不過歸藏之加六層，茲立表以明之，

易學經典文庫

在歸藏乾消於坤，六畫為二百一十六。坤息於乾，六畫為一百四十四。消息合為三百六十，三十二對皆得三百六十，連山

是歸藏之加一倍數，見下表。

卦別	乾	坤	乾坤合
六畫	216	144	360
五畫	180	120	300
四畫	144	96	236
三畫	108	72	180
二畫	72	48	120
一畫	36	24	60
附說	凡陽爻從乾乾之四畫	凡陰爻從坤坤之三畫	三十二對皆成三百六十合周天之數

歸藏六畫表

連山之成因為歸藏之加六畫。

韓康伯注云，陰陽各半，其說本諸王弼。陰陽各半者即六十四卦之半為三十二對。何以不用六十四而

卦別	乾	坤	乾坤合
十二畫	432	288	720
十一畫	396	264	660
十畫	360	240	600
九畫	324	216	540
八畫	288	192	480
七畫	252	168	420
附說	十畫即歸藏乾坤合	九畫即歸藏乾之策	720即歸藏360之倍數

連山十二畫表

用三十二者因消息之故用其半始得其全若用其全則仍是原圖不消不息則不得其用陽消為陰陰

息為陽即繫辭所謂引而伸之觸類而長之者是以三十二乘三百六十即得一萬一千五百二十即歸

藏之策亦即繫辭二篇之策不過周易上下二卦除乾坤等十六卦外乾坤見第七章·其他四十八卦皆非

陰陽各半韓注祗可用於歸藏而不能用於周易立辭尚失其本未元昇三易備遺以一萬五千二十為

連山之策更失其本因蹻於算術所致連山十二畫由歸藏六十四卦以一陽一陰加而成以七百二

十乘六十四得四萬六千八十以陰陽各半折半為二萬三千四十是為連山之策數朱氏之說不以數

為據不可從歸藏連山是不易不是變易因无六爻故不尚變而卜人輩以不易妄改為變易失其本式

歸藏是立算之根由始數以至五乘方為據歸藏六十四卦加之以綜以為變易周易以六爻為綜

字樞機六即上下兩卦世爻成六說在下文第十章論周易卦式不贊至連山由歸藏再加六層由六乘

方至十一乘方江水河洛續緼卷六理分中末線出河圖中說亦未能肯定為歸藏連山致易與算仍然

不能一貫如是則歸藏連山七八不變之說其理易解江氏又不知一陰一陽之謂道字實由消息

而來在易為陰陽和在算為正負之別。

凡百學問不破則不立能辯證之則正理始明不獨治易而已治先秦諸子亦然或以左傳國語言歸藏

連山有三以七八不變為占兹破之在國語晉語四

公子親筮之日尚有晉國得貞屯悔豫皆八也。

韋昭解云。

內曰貞外曰悔震下坎上屯坤下震上豫得此兩卦震在屯為貞在豫為悔八謂震兩陰爻在貞在

悔皆不動故曰皆八謂爻无為也。

此疑後人謅造之歸藏筮法韋解八謂震兩陰爻在貞在悔皆不動故曰皆八句有謅字宋庠補晉汪遠

孫改黑皆未及之貞屯☳☷震下坎上悔豫☷☳震上其不變之爻為☷☳爻三爻上爻今悔卦之震由坎動

而來當云兩震陰爻在貞在悔皆不動故曰皆八是震兩二字倒文可知宋庠汪遠孫皆未能訂正吳曾

韋章解補正云。

案先儒賈鄭相傳之說周易以變爻為占占九六之爻連山歸藏以不變為占占七八之爻此當是以

連山歸藏占之故有皆八之語。

吳說據左傳襄九年穆姜薨於東宮始往筮之遇艮之八之正義徐元誥國語集解引吳說其實貞屯悔

豫之占究屬歸藏抑係連山韋解未分析細繹辭意以歸藏為近總之歸藏連山二易之理並不在卜筮

而在算術古人迷信殊深以為卜筮之用關至卜筮在晉國无甚春秋左氏傳國語晉語史記晉世家記

載至野歸藏即橫圖自乾至坤是由陽消陰息乾消至坤坤息至乾不過六十四之倍數百有二十八而

巳後人作歸藏之繫解以為周易以變爻爻為占乃創歸藏以不變以不變之爻為占至連山是由一卦變爻六十四

卦六十四卦變四千九十六卦皆由變而來何必再言變連山之繫解有焦氏易林可以概議其書較劉

炫偽造連山易為早惟以大衍之數求策是否十八變或三十六變則不可考若用十八變則

不足用三十六變手續過煩而爻變又多以以十二變為宜至周易以變爻為占至元胡一桂啟家翼傳以四

爻變則以之卦二不變占五爻變則以之卦不變爻占與連山歸藏以不變爻占皆非是拘泥以三易

河洛精蘊卷三論占考及占法若更闡明胡說旨程迥古占法以連山歸藏亦變爻占非是拘泥以三易同江永

為卜筮之書所致在伏羲十言之教惟提出消息二言不及卜筮如是七八不變之說无關易之弘者可

不贊又同篇董因迎公文公即晉於河得泰之八韋解云

乾下坤上泰三三過泰无動爻无為侯世為泰三至五震為俟祖縣按韋氏以互卦解陰爻不動動言陽爻皆動

其數皆八故得泰之八與貞屯悔豫皆同

韋氏此解若泛泛贊之既不能明其義亦不能明泰三三之變即之例泰之八為坤坤卦坤不動貞

卦乾之坤泰三至五震為侯柞莛如土易林補遺云泰之八不體皆變又貞悔豫與貞屯悔豫

皆八義圍是糇橡坐亥公字親筮云得貞屯悔豫而言似以歸藏為占然亦非真理董因以重耳再將

歸故造此語以迎合之爾在左傳襄九年云

穆姜薨于東宮始往而筮之遇艮之八⚎⚍⚍史曰是謂艮之隨⚌⚍⚍隨其出也君必速出姜曰亡

左氏記載此文穆姜與筮史立說自相矛盾可見卜筮之无憑信口出之惟七八之變為此章一重要問

題故再三瀆杜預注云

周禮太卜掌三易雜用連山歸藏周易。祖縣按姚培謙本雜用上有然則二字。二說二字指歸藏連山易皆以七八為

占故言遇艮之八史疑占易八為不利遇八亦有利亦有不利故更以周易爻占變爻得隨卦而。祖縣按此句實不合邏輯

論之

杜注不明歸藏連山之別出雜用二字行文則不下然否若詰杜預究屬歸藏究屬連山恐杜氏亦不能

加以然否惟杜氏不知連山為十二畫卦與歸藏并為一談古人常談一卦變六十四卦六十四卦變四

千九十六卦即是連山之立成且桓譚新論連山八萬言與焦氏易林每卦約十六言字數不相上下亦

可作左證孔頴達疏杜注云

此筮遇八謂艮之第二爻不變者是八也周易以變為占占九六之爻連山歸藏以不變為占占七

八之占。

孔疏對於歸藏連山亦不能分析不知連山係十二畫卦无庸再言七八之變至於荀爽虞翻程頤惠棟

張惠言姚配中諸說亦无足采擇。

以上所謂不變爻與變即是少陽老陽少陰老陰四者亦即是七九八六七為少陽九為老陽之數漢書律

歷志未揭數字少陽等四個名目由大衍之數五十而來後人以洛書之四象附會之實非許慎說文解八為少陰六為老陰之數。

字云七陽之正也九陽之變也六易之數陰變爻於六正於八實係穿鑿治許學者淺者泛泛讀過深者欲

解析其義自未明其奧不知許據大衍之數陰奇立說惜未明白揭出昔人以歸藏連山以七八不變為

占殊不知歸藏祇有六畫連山祇有十二畫並无爻變竊不能以變字加於歸藏連山

連山繇辭為卜筮之用細考之為夏啟所造疑是桓譚所見八萬言藏於蘭臺者漢書藝文志未載似

在古易八十篇之中羅泌路史前紀九禪通紀有巢氏文中引連山文三以乾坤之變十二辟卦立說第

一引易中姤初六羅氏下列三者皆舉變立說此云初六是周易爻辭如以連山七八不變當云初八不

當云初六是與周易并為一談黃佐明廣東香山人六藝流別作中孚以易中姤為周國翰從之羅云易中

乃易中之一卦與中孚全不相涉且中孚不是辟卦殊謬第二引復之初爻曰初七第三引剝之上爻似

羅氏所說猶見連山繇辭之古本惟不知連山十二畫之卦而黃佐又以一人知女尚可以去以為中孚

之初八實誤讀羅氏原文而未辨別所致。

連山歸藏占七八不變其說始於鄭玄注乾鑿度繼之者為韋昭杜預孔穎達入宋有沈括說見夢溪筆談七又續筆

二談李剛梁溪易傳鄭鍔集傳采錄義尤多見四庫本。鄭東卿出巴李石方舟易傳吳沆元人見諸說入沈括說可

供參考。餘說皆膚淺，惟云連山歸藏以七八不變文為占，皆同陳祥道禮書引。某個禮象。今佚禮書引之甚多。

連山易長安人家有之其卦皆縱。

是陸氏猶及見連山之圖其卦皆縱雖不言層次。與一卦變六十四之說合。猶言某基本為六十四卦。又以一陽一陰遞加之至十二層為四千九十六卦又推而上之即為无終極之乘方昔　先子在粵詒陳蘭泉先生澧言及連山　先子曰連山從歸藏一陽一陰遞加而來如皇甫士安即謐邵子即邵雍皆以三統術立說先生遂言三統術者蓋不以三統術推之識其然否先生曰當推求之未幾去世不知陳先生有歸藏連山說否此言連山歸藏七八不變其說不能成立為第三事。

四三易求策之數言人人殊惟雷思齋（元人紫易筮通變四庫本又道藏太玄部若字號內本）云。

連山歸藏之易其筮法同而繇辭異也

雷說近是王萬藻清人著三易圖說。治三易其書雖不足觀卷末附大衍頗疑一文以為當以大衍求策乃可采取鄭樵通志藝文畧以為連山用三十六策歸藏用十五策周易四十九策策數異而理則一鄭氏所謂三十六策十五策不知根據何人之說而與吳萊上連山三十有六歸藏四十有六易則四十有九而歸藏策數又與鄭氏異王繩祖（清人著歸藏易占）云歸藏用三十六策者極太陰也其策數亦與鄭氏異此種膏說不一而足其實三十六策乃太素策數非三易策數未（元昇見上三易備遺）云

178

連山二篇自復至乾為陽儀自姤至坤為陰儀其策萬有一千五百二十繫辭二篇之策祖縣按馬

山房輯佚書改策為末大誤特誤自邵雍以乾坤為大天地姤復為小天地是乾至坤六十四卦故以大天地目之在兩儀之位復姤比連復

不知此即橫圖之卦乾坤太天地是乾至坤六十四卦故以大天地目之在陽儀姤盡在陽儀姤兩儀分

界故以小天地目之邵說殊非萬有一千五百二十舉連山策言之也

萬有一千五百二十歸藏周易數同惟立算之根異而未元昇以為連山之策治易者驚為創見其實未

說亦謬以三易所用之策數同以為連山更屬臆說易與數通班固漢書五行志劉歆說云

河圖雒書相為經緯八卦九章相為表裏

又云

虙羲氏繼天而王受河圖則而畫之八卦是也禹治洪水賜雒書法而陳之洪範是也王充論衡正說篇文畧同

七句言三易之大綱後之解者都未能從三易的規律認識策數兹詳釋劉歆說如下

甲河圖就是歸藏章所列第一圖第四層的八卦如乾居第一位兌居第二位離居第三位震居第

四位巽居第五位坎居第六位艮居第七位坤居第八位依次讀之為乾一兌二離三震四巽五坎

六艮七坤八其次第與八宮皆合即是河圖之位上文已屢言之因見治易者動輒錯誤或嫌其淺

而不治故再三瀆之此由一陽一陰遞生而來八卦即是河圖若以兩個名詞當作兩事則大誤劉

云受河圖則而畫之八卦是此說得明白如畫可證三易之策數相同

乙．洛書不像河圖的簡單乃由生成而來在先秦諸子如管子呂氏春秋提出生成者頗多讀時當

特別注意生成乃五數之作用漢書五行志引鄭禮靈圖妃以五成者是本在傳昭四九年文。揚雄太玄經玄圖云。

一與六共宗。一加五為六、六減五為一、二與七共朋。二加五為七、七減五為二、三與八成友。三加五為八、八減五為三、四與九同道、四加九、九減五為四。五與五相守。

鄭玄注大衍之數五十其用四十有九、與揚雄相同惟地十成土於中與天五并與揚雄五與五相守異。

劉歆言河圖洛書相為經緯深知易者方能道及經緯二字確能解釋橫圖之次第、所謂經即橫圖八卦一層。乾一兌二離三震四巽五坎六艮七坤八之位是為三畫卦在十六卦層內以一陽一陰遞加之得二個乾一兌二等之位在三十二卦層內以一陽一陰遞加之得四個乾一兌二等之位在六十四卦層內以一陽一陰遞加之得八個乾一兌二等之位此即歸藏之位是為六畫卦至連山由歸藏一陽一陰遞加至十二畫其級數一二八是二個六十四卦二五六是四個六十四卦五一二是八個六十四卦一〇二四是十六個六十四卦二〇四八是三十二個六十四卦四〇九六是六十四個六十四卦此即連山之位是為十二畫卦其十二個級數不能逾越乾一兌二離三震四巽五坎六艮七坤八之範圍劉歆以經字出之別具卓見歆傳所謂不著情實雷同相從隨聲是非對於經生之錮痛乎言之下此經

180

易學經典文庫

字足以去此三弊因歸藏六畫之卦連山十二畫之卦皆由橫圖第四層八卦乾一兌二離三震四巽五

坎六艮七坤八而來上溯之連山十二畫之四千九十六卦一絲不亂此即是經與陸佃所見連山易其

卦皆縱相合。

至於緯經是河圖緯是洛書兩者相與而成故以生成兩字出之生者其數為一二三四成者其數為六

七八九生數成數以五為斡旋五猶布機之杼非五即无生數成數近人於易之論文對于五字不加切

實立說妄以天數五地數五之五字作五行解大失五字之本義如上所引楊太玄經說即可釋明五

字之理有一定之公式五字之重要為數之關鍵惟章算之根古人誤讀洪範一曰水二曰火之次第誤

以一二等字為數致月令素問有關民生切用之典籍完全錯誤至五字之真理說詳下九宮章。

緯說文織橫絲也從曰經經在軸緯在杼以字義證之經即橫圖緯即五字為橫圖之交錯經在橫圖中

顯緯在橫圖中隱隱以致用其理在生成如橫圖乾一坎六 即一與六共宗兌二艮七 即二與七共朋離

三坤八 即三與八成友皆以五之加減為樞杻至四與九同道在橫圖中九雖无位而四與五相加即得

九之生數若九與四或九與五相減即得四五兩位與橫圖乾一與坤八合九兌二與艮七合九離三與

坎六合九者異四九同道者即震四巽 五相互之數因五極中震巽二位震實而巽虛即震四加巽五為

九,即為四與九同道說詳 先子周易示兒錄中編八論生成之數九論既知生成之數可知後天之

數本出先天兩章。由此推劉歆所謂河圖雒書相為經緯將四象生八卦在橫圖玩之自明至八卦九章。

相為表裏二者无非是數此數字是一二三四五六七八九之數係實數非幻數如關朗邵雍之言數則

非正宗。

兩劉歆所謂禹治洪水賜雒書法而陳之洪範是也雒書與洪範是同源而異流雒書是固定的洪

範是流轉的法而陳之言以雒書求洪範流轉之式陳即陣字六韜三陳篇有天陳地陳人陳所謂

陳者皆有一定公式可以排列如繫辭九德後人謂之九德三陳陳即俗陣字。

上三則解釋劉歆之說在歆本傳謂漢興之初天下唯有易卜未有它書今五行志所載歆之易說雖未

提及周易然歆於易有能得其真述諸經亦多創見惜為諸儒所訕當不以人廢言或以惠棟著易漢學

獨於歆說不著一字惠氏在易漢學卷二九月卦氣引五行志並及劉向之說不引歆語者因卷八雜河

圖洛書文中有云自漢以來並未有圖書之象故不引歆說以文過爾。祖緣按易漢學卷五京氏占風雨寒溫引論衡寒溫篇而不外 正諱篇 寒溫同。

至朱元昇以卦氣有策年五五二百十之策以為連山亦非連山為十二畫卦其策數為二

萬有三千四十朱氏僅推十一層未推至十二層此言求策之數三易各別而用策之數四十有九則三

易相同此為第四事。

五、連山是十二畫卦不是六畫卦。邢敬 明人著周易正解及易領云。

182

連山六畫卦艮為山上下兩艮。故曰連山。

郝說以連山為六畫卦與朱元昇說同朱氏以消息增改為長分消翁非當朱說云。

長分消翁者連山易至精至變至神之理寓為乾與坤之長即坤之消乾之分即坤之翁坤之

長即乾之消坤之分即乾之翁兌與艮對離與坎對震與巽對餘五十六卦兩兩相對長分消翁

悉準八卦

朱說兩兩相對就是一陰一陽而成橫圖即為歸藏復由歸藏一陽遞加至十二畫即為連山朱文

雖提出連山易三字仍以六十四卦為連山而不知連山之卦為四千九十四此朱氏之失孜孔穎達正

義周易雜卦引虞翻說云。

雜卦者雜六十四卦以為義其於序卦之外別言也昔一本作者聖人之興因時而作隨其時作事

非宜不必皆相因襲當有損益之意也故歸藏名卦之次亦多異於時。

孔疏引可證虞氏猶及見歸藏之卦與周易不同蔣瑜元志錄三卷上卷論卦變下卷論連山歸藏雖不

能作肯定之學說而亦有可采者茲節錄之

陽大陰小以往來判否泰剛尊柔卑以上下分損益則又有卦變之說焉原注虞仲翔有古卦變圖李挺之傳自希夷有卦變

反對圖又有六十四卦相生圖。一卦變六十四變之次為六十四相承之序法比焦尤罣祖緣按焦贛易林次序錯

為說見上。朱熹說亦謂江永正之。亦非。余六十四卦變四千九十六。原注。一變二。二變四。每加一倍。乃作卦變改載下十六章。見虞氏易平議。按此即此數也。在揲法六。

變成初二兩爻。十二變成三四兩爻。知。以周易十有八變而成易解之殊非。如蔣氏之說則與歸藏連山相遠不

知。以周易十有八變而成易。萬二千一百四十四。原注。十八變成五上兩爻。積之數也。祖縣按此二十

萬二千一百四十四。可由一陽一陰加得之。如以二十八畫。皆以初上加坤。乾上加姤。姤而積漸而合。纖忽不亂。非有損益於其間者。

求此數則有。蓋自先天圖圖。以橫圖求之。反覺簡便。蔣氏云皆順語病。因有逆九六之變。原注復至乾至坤皆順。先天八卦之次。布之祖縣按再加兩倍。即原注十

八畫也。皆以初成後上加坤。乾上加姤。而積漸而合。纖忽不亂。非有損益於其間者。上加復坤上加乾。左右順遂一反復耳。

昔黃宗炎有以為即古昔之方冊其說云。

蔣說不能分析三易之大別。以周易十八變來附會為歸藏連山之卦。則與連山歸藏立成全違。下卷論

連山歸藏皆前人陳說。惟此節對朱熹無終極之說。實可結合雖瑜瑕互見。是亦可采之說。

江永河洛精蘊卷六外篇乘方法合畫卦加倍法圖是言歸藏已載入歸藏篇內至六乘方至十一乘方

圖其數與連山合。而桓譚謂連山八萬言與焦贛易林言數不相上下。是焦氏仿夏人所作連山而為之。

桓譚謂連山八萬言歸藏四千三百言是殷書與周易等夏之文字繁二十倍於文王周公之辭宣

古昔之方冊乎為此說者。亦不明古今之通義矣。

豈古昔之方冊乎一句黃氏之說。不為无見。蓋夏啟欲家天下造作連山縣。以感世人。羅泌路史已言之。

蓋啟以四千九十六卦。卦卦作一縣辭。誦其家世之功德。為家天下之張本爾。如史記夏本紀司馬貞索

隱引連山易云。

鯀封於崇。路史十二引同。

酈道元水經注卷三十淮水注引連山易云。

有崇伯鯀伏于羽山之野。

太平御覽一三五萬妃皇甫謐帝王世紀引連山易云。

禹娶塗山之子名曰攸女生啟。

以上三則明明指出連山易與黃宗炎所謂古昔之方冊之說合惟連山係以一陽一陰遞加橫圖為之

亦以消息二言包括與歸藏同故連山亦不亡後世如蕭繹連山三十卷劉炫偽造之連山司馬膺所注

之連山十卷究與連山消息二言之旨不合如毛漸所得之三墳宋人元豐中使西京旅次漸漸為之序謂三

墳首列三墳謂連山之易伏義所作其象有崇山君伏山臣列山民兼山物潛山陰連山陽藏山兵疊山

象之類又謂天皇始畫八卦連山名易君臣民物陰陽兵象始明於世三墳之名始見於左傳昭十二年。

三墳並不是三易毛氏之說未免荒誕朱彝尊經義考已斥其非。

更有本非連山之說而後人以為連山之說者如左傳閔二年。

同復于父敬如君所。

杜預注云。

　　筮者之辭也。

合之文義，實係筮者之辭無疑。而程逈古占法云。

此固二易之辭也。

程氏舍杜注而創異義此種惡習為文士所恒見。又左傳僖十五年。

千乘三去三去之餘獲其雄狐。

孔穎達正義云。

雜辭不出周易无可據而推求。

杜云，卜筮書雜辭在漢書藝文志蓍龜類十五家四百一卷有蓍書二十卷。周易三十。周易明堂二十。周易八卷。周易明堂六卷二十周易隨曲射匿卷五十。大次雜易三十。於陵欽易吉凶二十。任良易旗七十。占二百五十六卷之多杜氏所謂卜筮書雜辭魏晉之間其書尚有行於世者又左傳成十六年。

南國蹴射其元王中厥目。

杜預注云，

　　此卜者之辭也。

杜氏此注與同復于父敬如君所同顧炎武日知錄卷云。

左傳僖十五年戰於韓卜徒父筮之曰吉其卦遇蠱曰千乘三去三去之餘獲其雄狐成十六年戰

于鄢陵公筮之史曰吉其卦遇復曰南國蹙射其元王中厥目此皆不用周易而別有引據之辭即

所謂三易之法也原注卜徒父以卜人而掌此猶周官之太卜而傳不言易。

顧云三易係武斷似顧氏以杜注為非而文中未及之總之連山出於歸藏朱熹謂五乘方以後加至

十一乘方得四千九十六卦適合連山之數茲舉江永推算之圖於下。

江永六乘方至十一乘方圖
（河洛精蘊卷六外篇）

乘方											畫
六乘方	二十一	三十五	三十五	二十一	七						七畫
七乘方	二十一	五十六	七十	五十六	二十一	八					八畫
八乘方	三十六	八十四	一百二十六	一百二十六	八十四	三十六	九				九畫
九乘方	四十五	一百二十	二百一十	二百五十二	二百一十	一百二十	四十五	十			十畫
十乘方	五十五	一百六十五	三百三十	四百六十二	四百六十二	三百三十	一百六十五	五十五	十一		十一畫
十一乘方	六十六	二百二十	四百九十五	七百九十二	九百二十四	七百九十二	四百九十五	二百二十	六十六	十二	十二畫

江永推算此圖致力至彈惜於乘方法合畫卦加倍法一圖為歸藏卦序論歸藏，圖載上章此圖為連山卦序與

周易并為一談致所惜圖於舊說所致，江氏對此圖說明云。

六畫卦既成之後、祖絲按江氏引而伸之觸類而長之一卦可變又六十四卦凡四千四九十六卦。按江氏祖絲

氏不知四千九十六即是連山故立說珠游移。而乘方之理亦接前圖。祖絲按此即連山出於歸藏江氏知其六乘方至十所以然而不知當然故立說膚泛如

二乘方。如卦之七畫加至十二畫即連山之卦。祖絲按十二畫卦江氏不敢肯定失諸。其陰陽之錯綜周易則可至歸藏與連祖絲按錯綜二字用於

山二易祇有錯而无綜兩者各不相併治易當細辨之。亦如中間廉數合方廉隅之數亦適合四千九十六也。

清代治蓮典于吳派皖派各樹一幟吳派浮而皖實但江氏如此立說對於三易亦多浮辭。

江氏六乘方至十一乘方圖實係代數之系數對於連山有所闡明奈始終吾吐其辭若人不明此圖之

用反使三易上生一障礙苟能肯定為連山之用乃有序可循此六乘方為七畫之卦即六十四卦上加

一陽一陰。如六乘方之**數**一二八即六十四卦加一倍數順讀之仍以一陽一陰相加

① 三三三 乾上加一陽去初畫成乾。

② 三三三 乾上加一陰去初畫成夬。

③ 三三三 乾上加一陽去初畫成大有。

④ 三三三 共上加一陰去初畫成大壯。

一
七
二十一
三十五

188

三十五

二十一

七

一

⑧⑦⑥⑤

⑤ 大有上加一陽,去初畫成小畜。

⑥ 大有上加一陰,去初畫成需。

⑦ 大壯上加一陽,去初畫成大畜。

⑧ 大壯上加一陰,去初畫成泰。

七畫卦

一

七

二十一

二十一以下以一陽一陰。逐一推之皆同茲復推逆數其立成出於一陰一陽。讀者要認清此一陰一陽。

乃是逆數的排法與一陰一陽之謂道絕對不同仍舉上圖

六乘方一二八即六十四卦加一倍數逆讀之。

一

七

二十一

三十五

三十五

二十一

121 觀上加一陽去初畫成否。

122 觀上加一陰去初畫成萃。

123 比上加一陽去初畫成晉。

124 比上加一陰去初畫成豫。

125 剝上加一陽去初畫成觀。

126 剝上加一陰去初畫成比。

三易新論

七畫卦

七 ䷖ 坤上加一陽去初畫成剝。 ⑫⑦

一 ䷁ 坤上加一陰去初畫成坤。 ⑫⑧

二十一以上以一陽一陰或一陰一陽順逆推之即得六十四卦加一倍數為一百二十八之卦說詳下

乘方法合橫圖文中。

上列兩式即為伏羲十言之教中消息二言之明證江永謂其陰陽之錯綜殊謬以公式證之皆是錯不

是綜而江氏以周易之綜來解歸藏連山則失其旨如上式

乾坤錯夬剝錯大有比錯大壯觀錯小畜豫錯需晉錯大畜萃錯泰否錯

推之連山四千九十六卦皆是錯無綜江氏以周易并二易為一談非是人謂皖派長於分析條理而

我斷嚴密惟對於易未能博覽而探賾索隱亦嫌不足然較惠氏已勝一籌歸藏不亡連山亦不亡二

易何以不亡因有消息二言在而世人以為桓譚所舉八萬言不知此八萬言係緣辭桓氏僅舉當時所

見之言數及所藏之地而未言其書之然否後人在類書中所錄桓氏之說亦未能盡其緼。

古人言連山者較歸藏更為龐雜今辨之如下。

一 首艮之說創之皇甫謐襲取鄭玄淳于俊連山似山出內氣也一說。淳于俊說與鄭玄相似。以其卦以純艮

為山山上山下是名連山余推首艮之說終不能得其根此皇甫氏謂讀鄭與淳于之說實不足從。

如是則三統建寅之月亦不可從。

二.陽豫游徒二者後人以為連山卦名陽豫見春秋演孔圖孔子成春秋卜之得陽豫之卦貫公儀禮疏徐彥公羊傳疏路史後紀三注引游徒見史記秦始皇三十六年得鎬池君璧始皇卜之卦得游徒吉遷北河榆中三萬家正義曰言徒三萬家以應卜卦游徒吉也與正義違。余以為陽豫游徒皆龜卜之名詞與連山異。

三.李淳風乙巳占卷一娵娥幷枚筮於有黃國翰玉函山房輯連山引云連山易惟李氏原文。未言引連山。

四.大戴禮易本命與孔子家語執轡篇文義相似家語作「夏曰商聞山書曰地東西為緯南北為經山為積德川為積刑高者為生下者為死丘陵為牡谿谷為牝等句大戴禮無子夏曰商聞山書曰八言作一凡字山書是否連山不可考矣則言易故及之。

其他說連山之可采者似不免遠漁自知學術與年日退記憶日衰蓄書遭寇所存者不過十之一二乞高明教之。

三.乘方法合橫圖說

朱熹本義所列橫圖後世宗之朱氏父作啟蒙二卷，父引申橫圖之義李光地總裁周易折中為清

代御纂書籍誰敢下一否字至清社覆亡杭辛齋首先痛揭折中之非在學易筆談卷一俗義詁經

之流弊一則內有云折中一書為專制帝王之護符其說至礦惟二十一卷啟蒙附論於易實有所

發明余謂折中一書惟此篇當著錄而杭氏竟不提及何故耶細繹二十一卷全文可決定李先地

無此卓見因李氏平日作風是逢君之惡者惟校對諸人中如何國宗梅瑴成王蘭生趙熊詔陳萬

策等在康熙中皆疇人子弟之尤者雖未能盡易之緼已能舉其大概使人知易即是數兩者相連

繫惜何梅諸人於三易之大別咸未能分析是其所短然較之稅與權易學啟蒙小傳胡方平啟蒙

通釋已覺切實至近人文士推重之吳汝綸纂錄中兩漢易義攷日記卷十五，馬其昶周易費氏學

二書吳書可作類書讀之馬則語涉玄虛。

(一)以乘方求廉表惟之數根一方根二平方四立方八卦即八，三乘方十六，從四象起讀之，四乘方三

十二，從八卦起讀之，五乘方六十四，之得八個八卦，七數相加，方六十四是七個級數得一百二十

七為太極兩儀四象八卦十六畫卦，三十二畫卦六十四卦相加之數。

(二)江永河洛精蘊卷六乘方法畫卦加倍法以數根一象太極方根二象兩儀平方象四象立方象

八卦三乘方十六象四畫卦卦即乾至坤得十六，四乘方三十二象五畫卦卦即乾至坤得三十二，五乘方六十

四象六畫卦乾至坤六十四，是為歸藏倍之又倍至十二畫卦得四千九十六卦即為

六十四卦自乘之數是為連山然以代數二次冪推之實無終極

（三）繫辭曰乾之策，荀爽本二百一十有六坤之策一百四十四二篇之策，荀爽本萬有一千五百二

十荀爽注乾之策二百一十有六云。

陽爻之冊三十有六乾六爻皆陽三六一百八十六六三十六合二百一十有六也陽爻九合四時。四九三十六也。

荀爽注坤之冊百四十有四云。

陰爻之冊二十有四坤六爻皆陰二六一百二十四六二十四合一百四十有四也陰爻六合二十四氣。四六二百四十也。按二百四十誤當作百四十有四。

荀爽此兩注，指周易而言惟亦可通於二易。

陽爻六一爻三十六策六爻二百一十六策陰爻六一爻二十四策六爻百四十四策。祖縣按二易即歸藏連山，韓康伯注云。

韓氏此注較荀注簡而明而治漢學者必宗荀而詆韓余嘗謂章太炎論魏晉人治學亦有可取太炎

以為然，余又謂吳派如惠氏不是翼經是淪經太炎初聞余言以為過激未幾見

漢學正誤中華書局印行，中以余言為然乃采納之孔穎達正義引伸韓康伯之説乃云。

先子所著易國語文學研究。

193

乾之策二百一十有六者以乾老陽一爻

祖縣按橫圖乾為太陽、不曰老陽曰太陽、坤為太陰不曰老陰指變言、有三十六策、祖縣按大衍之數五十其用四十有九至三十有六第二十四第三、六爻凡有二百一十六策也乾之少陽一爻有二十八策乃四九數所揲得之第說詳下章大衍義證、第二十八第六爻則有一百六十八策此經據坤之老陽之策也、祖縣按孔氏於此言老陽、不謂下坤言老陰亦不謂

四十有四者坤之老陰一爻有二十四策然說見上老陽六爻故一百四十有四策也若坤之少陰

一爻有三十二六爻則有一百九十二此經據坤之老陰故百四十有四也

孔氏此說已將橫圖中之四象立說詳盡至於歸藏連山是抽象求策立說尚非本原歸藏連山之立

成不必標著皆由一陽一陰揲排得之再以消息一陰陽在歸藏合成三百六十策在連山合成七百二

十策不必由分二掛一揲四歸奇得之孔云老陽二百一十六策與坤之老陰百四十有四策兩數相加

為三百六十策以乾之少陽一百九十二策與坤之老陰一百九十二策相加亦為三百六十策孔氏正

義分九六變與七八不變立說九六指周易尚變言七八指歸藏連山以七八為占指不變言雖孔氏未

明言之但指出九六與七八已分別三易之不同又二篇之策候果云

二篇謂上下經也共六十四卦合三百八十四爻陰陽各半則陽爻一百九十二每爻三十六冊合

六千九百一十二冊陰爻亦一百九十二每爻二十四冊合四千六百八冊則二篇之冊合萬一千

千五百二十冊當萬物之數也

孔穎達正義說與侯果同惟二篇之策乃周易之策非歸藏連山之策後世治易皆未能明三易之策數混為一談致歸藏與連山七八不變程迴亦謬以為變殊非大義吾鄉曹金籀稽書續篇有七

八九六解一文全文六九合十五七八亦合十五兩語可采餘欠切實

歸藏與連山指連山在六畫卦時以七八不變凡卦皆六十四每卦六爻合三百八十四爻陰陽各半陽爻一百九十二以每爻二十八策四七二十八為二十八合五千三百七十六策陰爻亦一百九十二以每爻三十二策四八三十二為合六千一百四十四策則六十四卦之策亦合萬一千五百二十與周易之策數同何以策數相同因九六相加與七八相加皆為十五之所致繫辭所謂二篇之策是為周易之策昔賢之注解已明朱元昇三易備遺以萬一千五百二十為連山策數雖合惜未加辨析此古人疏於算術所致當云七即四十八即三合數之為萬一千五百二十即為歸藏連山七畫以上另推卦由十有八變而成變即為策之所繫六十四卦凡一千五十二變即萬一千五百二十的十分之一此萬有一千五百二十周於歸藏連山以七八為占亦為萬有一千五百二十至連山增至十二畫為卦四千九十六即六十四卦自乘之數茲以四千九十六卦分陰分陽即卦折半數得二千四十八以乾之少陽一爻有二十八策二千四十八卦得五萬七千三百八十四策以坤之少陰一爻有三十二策二千四十八卦得六萬五千五百三十六策少陽與少陰策數相

加得十二萬二千八百八十為連山之策數以二十八即少陽數四與三十二即少陰數四相加得

六十除之得二千四十八卦三易之分別如此。

(四)將乘方表細讀之無非一奇一耦之作用自數根至五乘方為歸藏六十四卦又由六乘方至十

二乘方為連山四千九十六卦朱熹啟蒙四象生八卦已發明十二畫上又生一奇一耦累至二十

四畫則成千六百七十七萬七千二百一十六鑽字作變者涉周易而誤。

其數亦合朱熹雖有此說從未有人研幾及之而表中引而伸之數根一方根一為二平方中廉二以

二立方三為六三乘方中廉六個三四乘方十為二十五乘方中廉二十六乘方三十五為

七十七乘方中廉七十是兩個八乘方中廉一百二十六為二百五十二九乘方中廉為二百五十

二是兩個一百二十六四百六十二為九百二十四十乘方中廉為九百二十四是兩個四百六十

二十乘方中廉四百六十二為九百二十四十一乘方中廉為二千五百四十九是兩個

數根至十一乘方十三級相加為二千五百四十九。

(五)根據第二則從數根一至十一乘方所得四千九十六卦減去第四則所得數根方根中廉數二

千五百四十九得一千五百四十七以連山卦畫數十二乘之得萬有八千五百六十四折半為九

千二百八十二即歸藏在啟蒙附論第十九頁橫形為算法之原圖中其級數為一三五七九十一

十三五十七首一而尾十七為十八以第一則七數相加得一百二十七與十八相因圖令得二

數根　　　　方根

太極　　　　一

　　兩儀　　一陰　一陽

　　四象　　一陰　少陽　少陰　一陽　　平方

八卦　坤　艮坎巽　震離兌　乾　　立方

　四畫　一坤　艮坎巽震　離兌乾坤艮坎　巽震離兌　一乾　　三乘方

五畫卦　一坤　五　十　十　五　一隅　　四乘方

六畫卦　一方　六廉　十五廉　二十廉　十五廉　六廉　一隅　　五乘方

(六)以上第四則萬有一千五百六十

八減二篇之策萬有一千五百二十

之策是言周易歸藏連山以一餘四十

陽一陰出之與周易實不相同餘四十

八策此四十八策即揲蓍四十九策除

掛一策之數此言成卦之理策數相合

十八數上圖數繫四即為八卦又二三

亦為八卦平方至五乘方其等次為五

而六領之者即繫辭下所謂周流六虛

又所謂兼三才而兩之故六六者非它

也三才之道也歸藏連山是錯周易有

錯有綜惟世位上下兩卦皆六在周易

六自乘之積為三十六即為陽爻之策，四六相乘之積為二十四即為陰爻之策，此策與卦變爻相通，

由爻生卦故數在卦後玆列圖如上。

上圖見前頁，四乘方為五畫卦從八卦至五畫卦為四個八卦，至六畫卦即六十四卦，見橫圖。

如圖

太極　　一

兩儀　　一　　一

四象　　一　　②　　一

八卦　　一　　③　　③　　一

四畫卦　一　　④　　⑥　　④　　一

五畫卦　一　　五　　⑩　　⑩　　五　　一

六畫卦　一　　六　　十五　　②⑩　　十五　　六　　一

一、四象層內之二與八卦層內之三。
合成八卦（2+3+3=8）

二、四象層內之二與四畫卦層內爻。
合成八卦（2+6=8）

又四畫卦層內之四④④
合成八卦（4+4=8）

又四象層內之二與四畫卦兩
個八卦（2+6+4+4=16）

三、四畫卦層內之六與五畫卦層內之十。
合成四個八卦（6+10=16）（6+10=16）

198

四畫卦層內之四．與六畫卦層內之二十．

其說出於勾股沈善登以禹治水立說．但勾股之發明在禹之前說者謂四象尚未成卦不當以（三）

⊕四⊕二十 合成六個八卦。（4+20＝24）（4+20＝24）

為用因此言卦變之例變而通之自得因（三）為爻陰一陽一可變文通各卦繫辭云爻有等故曰物

物相雜故曰文又繫辭云錯綜其數此之謂也．

（六）五乘方之積．即為六十四卦由一陽一陰加倍數而成易作一陰一陽從坤卦起讀乃是消息之

理乘即正負如橫圖陽隅為乾陰方為坤。

一隅
六廉
十五
二十
十五
六廉
一方

此即六十四卦

一隅　陽乾
六廉　
陽夬
陽大有
陽大壯
陰小畜
陽需
陰大畜
陽泰

十五廉始
陽兌
陽睽
陰歸妹
陰中孚
陰節
陽損
陰臨

橫圖六十四卦所謂陰陽並不是陰卦稱為陰陽卦稱為陽以上爻之陰陽卦畫而定學者以陰卦

陽卦分類又有以五乘方的排列分陰分陽作如下解者皆誤

十五庸終
二十庸半

陽同人
陰蹇
陽離
陰豐
陽明夷
陰家人
陽賁
陰既濟

陰明夷
陽无妄
陰隨
陽噬嗑

陽震
陰益
陽屯
陰頤
陰復

十一

一　陽偶
六　五陽一陰
十五　四陽二陰
二十　三陽三陰
十五　四陰二陽
六　五陰一陽
一　陰方

其說由卦變而來。在周易五陽一陰之卦六。如姤乾初爻變同人乾二爻變履乾三爻變小畜乾四大有乾五爻變夬乾上九。其位亦32.16.8.4.2.1。惟不尚消息。五陰一陽之卦。如復坤初爻變師坤二爻變謙坤三爻變豫坤四爻變比坤五剝。

坤上實為乾坤兩卦之變，與歸藏連山實不相涉。四陽二陰之卦十五，大壯需大畜兌睽中孚革離家人无妄大過巽訟遯鼎四陰二陽之卦十五觀晉萃艮蹇小過蒙坎解升頤屯震明夷臨三陰三陽之卦二十泰歸妹節損豐既濟賁隨噬嗑益否漸旅咸未濟困蠱井恒為周易之變之用若乾卦

變求之義亦難通。

(七).歸藏之易起於太極兩儀四象八卦，因而重之，由一陽一陰遞加至六畫，即為六十四卦。淮南子要畧訓云。

八卦可以識吉凶，然而伏羲為之六十四變。

是為伏羲重卦之鐵證。所謂歸藏者由乾始造坤終，絲毫不亂，說卦傳所云坤以藏之是言終於坤。故曰歸藏。其後人事日繁，人智日開，復由一陽一陰推之十二畫，謂之連山。疑是古時大作計地勢之高低，人工之多少，是一種有統計的冊子，較之結繩為便利，名曰連山，取不斷續之義。今日店鋪之流水冊子，流水二字義與連山相似，首艮之說因後人不知連山之義，以八卦中艮為山，由山字望文生義，但无推排之可能，開方表十一乘方之率，一卦變六十四卦，如山之連綿不絕而已。首艮之

說。无稽後人以連山首寅歸藏首丑周易首子。亦為曲解。伏羲重卦在大撓作甲子之前安得有子

丑寅等字。其說殊妄。歸藏連山有錯无綜。周易錯綜兼用。錯尚固定。綜言變通各有定理。後人未能

解釋妄立名詞而已。連山卦四十九十六。即六十四卦自乘之數。曹全碑陰書內篇云易連義言三

易之次第亦失其本。

（八）連山之數无窮无盡。今以焦贛一卦變六十四卦。不過舉其一指爾。後世說者以為變六十三卦。

實不合理。且焦氏以周易之序為序。未知一陽一陰根本之所在。實屬大謬。至演卦之法不過由歸

藏六十四卦由一陽一陰加一倍數。至十一乘方得四千九十六卦。即為連山之數。其公式如下

歸藏六十四卦。即六。再加一陽以乘方。全體為兩個六十四卦計一百二十八卦。一百

二十八卦上加一陽一陰。全體為四個六十四卦計二百五十六卦。

上加一陽一陰為七乘方。全體為八個六十四卦計五百一十二卦。

為九乘方。全體為十六個六十四卦計一千二十四卦。上加一陽一陰為十乘

方全體為三十二個六十四卦計二千四十八卦。上加一陽一陰為十一乘

全體為六十四個六十四卦計四千九十六卦。

一卦變六十四卦。六十四卦變四千九十六卦。由一陽一陰組織而成。未能稍越橫圖之範圍。是為

連山而其精緼在消息兩字。

（九）周易之序文王演之與歸藏連山相同者得十六卦曰乾坤曰泰否曰漸歸妹曰中孚小過曰坎離曰既濟未濟曰頤大過曰隨蠱此十六卦皆是錯不是綜明來知德號為知易對錯綜二者動輒謂解漢時四家施孟梁丘同一源所暴者章句暴異孟京氏崛起托諸孟氏四家雖立學官施與梁丘相通梁丘賀之子臨專行京房法其實祇有孟京兩家後兩家又鎔為一爐孟隆於京讀漢書藝文志易類著述孟京署可證孟氏已降於京氏細讀易緯七種可知京氏已拔三家之幟易緯七種多演京氏其時韓氏于易尚能樹立因創家天下倡議其說為暴易无夷所不喜按韓氏說見學說蓋寬饒傳未為學者所尚是易亡於漢代博士友杭辛齋學易筆談卷三謂易學厄於王莽漢書蓋寬饒傳未為學者所尚是易亡於漢代博士友杭辛齋學易筆談卷三謂易學厄於王莽所識者小見杭名喜與余言辭事從未涉及易說。周易不尚消息惟上下兩卦其世位合上下數之皆為六故周易之關鍵在六字此十六卦兩卦之二位合成六周易與橫圖相同餘四十八卦橫圖皆錯如周易屯蒙序四世卦蒙二世卦蒙二四合六在橫圖消息屯蒙不序屯與鼎序屯坎二世卦鼎離二世卦鼎離二世序蒙與革序坎離四世卦革坎四世卦革四世卦序文王演之分為屯蒙序革與鼎序其關鍵在世位皆六惟世位雖非消息然不能脫離消息而言世位在消息中有特殊地位故周易上下兩卦之變通无不與橫圖息息相通其用雖別其體率由於橫圖自然言列者均未知其緼見下述周易三章自明。

蓋易與有一定之世。一定之位。不能戈以橫圖範圍之綫毫或曰。如子言易之為書其禍名也。雜而不越何

以屯蒙兩卦屯二世為上卦蒙四世為下卦革鼎兩卦革四世為上卦鼎二世為下卦體不一定雜而且

越答曰橫圖以一陰一陽統六十四卦有條不紊周易以原始及終原始要終二語盡之以乾坤為始未

濟為終。是以未濟續乾坤故虞翻注未濟象曰不續終也云。

乾五之坤二殺不行故不續終也。

其實言未濟雖卦之終以循環之理證之。卦實未終是謂未濟能續之以乾坤屯坎二世卦蒙四與革坎四世卦

鼎離二上下不同的緣故即在一個續字若鼎革易位則失其序而周易失普徧之義。按普徧見孔頴達正義第三論三代

易名孔漢代易說語多遺佚宋元以后著書雖多憑空而談解理者少剗襲釋子語以稱奇異更昧於

義至清李先地王懋竑紀大奎之流頭巾氣過重對於易道開口不曰聖功即云王道致語而不詳究而

不竟言未失枝掛一漏百真理運沒於是旁門左道之說得附麗之紫奪朱莠亂苗証喜失守措解游屈

莫甚於易而治易者不知易即是數數即是易易學者能明此理。方不為曲說所蒙歸藏連山是錯以一陽

一陰遞加而成是不離不越周易有錯有綜由乾坤至未濟又由未濟復乾坤亦是雜而不越三易大別

如此。復未濟能乾坤之公式另作周易序編兩篇以明之。

第九章 消息闡微

一、消息釋義

歸藏連山的教學祇至加減平方立方n次方而止，而周易屬於球形，是自然界現象底交互聯系和交

互作用，惜在封建時代封建毒素滲入其中流入神祕為玄之又玄的學說，三易各有範圍歸藏連山圈

有消息二言，在惜无人道及周易尚變通變化較繁，不若二易之簡單，不尚消息而成卦之理不能離位

之原則可決定未作周易之前人人能知消息之理，至姬昌演周易箕子述洪範已超出歸藏連山之上。

若必歸藏連山擇周易工王充之為何汶易民間費高二氏之說，亦不能稱名取類。

消息兩字周易卦辭未出，惟象有之，泰䷊否䷋兩卦，息字作長泰卦云。

內君子而外小人君子道長小人道消也。

九家易云。

謂陽息而升陰消而降也。陽稱息者長也，起復成巽，萬物盛長也。陰言消者起姤終乾，萬物成就。

上述九家易荀爽宗之范長生繼之後之治漢學吳派僅知引漢人之說，不加辨證消息與升降理同而

位亦同。漢儒所謂陽升陰降可肯定陽升是息息言陰爻變陽爻即是息亦即是升陰降是消是言

陽爻變陰爻即是消亦即是降升降兩字猶令之升降機可以形容之樓梯亦然如人登樓典三三

坤上一步為三三復再上為三三臨再上為三三泰再上為三三大壯再上為三三夬以至於乾

三三而梯之級數已終在橫圖无可再上若連山似無終極是猶歊十層樓之升降機亦可以橫圖

推廣其級數反之如人在乾三三處下降一級為三三夬再下為三三大壯再下

為三三臨再下為三三復以至於坤三三再下則坤上加一下類推雖與消的排法有異而理亦可

通否之象曰。

內小人而外君子小人道長君子道消也。

漢人無說從泰卦象注可知大義又臨三三象云。

至于八月有凶消不久也。

虞翻注云。

與遯三三旁通臨消於遯。祖縣按此四字語病，臨卦以旁通求之，初爻二爻是消，六月卦也於三爻四爻五爻上六是息。虞氏以消字包括之，失其義其君子弒其父以坤消至二良子弒父至三成否坤臣弒君令遯僅消二尚未消至三而

周為八月弒君父。祖縣按虞氏此句求其確據實不可得且虞氏注坤文言臣弒其君子弒其父。荀公即荀爽以兌為八月兌於周為十月言八月失之甚矣。云弒君與易即實不合。

虞翻詁茍爽以遯為六月是也惟象言消不久也究竟是言遯不能確定若以遯卦言消未

免曲折消不久正與臨卦息不久相反古今治易者對於消不久三言往往疏略　先子周易

解臨卦下解云

君子尚消息盈虛

虞翻注云

如觀☷☷☷☷八月卦辟曰二十☷☷☷☷朔望臨觀相綜觀八月之卦也其時陰氣未至斗建酉臨斗建丑即陰

陽交戰之謂也鄭玄曰臨卦斗建丑而用事殷之正月也當文王之時紂為无道故于是卦為

殷家著興衰之戒以見周改殷正之數云臨自周二月用事訖于七月至八月而遯卦受之此

終而後始天命然也

先子於易雖極深研幾對於這段文字余未敢贊一辭在☶☷剝之象囚

君子尚消息盈虛

陰消乾也祖緜按乾消至坤坤息五爻即為剝與共产旁通祖緜按旁通即消息乾消至坤坤息至乾乾為蔡景君說虞翻宗之六朝梁伏曼容亦主此說旁通二字見乾文言

虞氏從蔡景君旁通其實旁通即消息旁通指錯而言蔡說見虞翻注謙卦虞翻云

乾為君子乾息為盈祖緜按陰爻變陽為息乾坤消為虛祖緜按陽爻變陰為消坤由息乾而來故消盈

消息盈虛天行也祖緜按虞則出入无疾反復其道易繫興消艮即虞氏所謂辭彰巽乾消五爻

為剝三三三。即虞氏所謂消艮。

氏所謂消艮。出震息兌。祖縣按坤息初爻為復三三三。即虞氏所謂出震。坤息五爻為夬三三三。即虞氏所謂息兌。盈乾虛坤，祖縣按坤息

乾消至坤，坤息至乾，故於是見之耳。盈乾虛坤至乾為盈乾。

為虛坤。故於是見之耳。

明白可曉之說。虞氏乃曲折說之反，使人疑惑，此虞氏之錮，如三三三豐之象曰。

日中則昃月盈則食天道盈虛與時消息。

虞翻注云：

五息成乾為盈四消入坤為虛故天地盈虛也豐之既濟四時象具

虞說未當此消息二言困周易之位與歸藏同周易不尚消息故卦辭云宜日中爻以日中則昃月

盈則食天道盈虛與時消息解之此有韻之文矣食息叶並非真言消息之理今虞氏強調揀三爻

之說足成之至五息成乾若以揀三爻之說證之三三三豐五陰爻息而為陽為三三三睽則乾為互卦。

根本已錯若以二五相應立說二爻是陰息而為陽為三三三大壯以消息之例言之豐之消息。為

三三三渙蓋虞氏未明消息之定例強以揀三爻之曲解釋之殊覺未安至四消入坤雖據十二辟卦

立說虞氏之例四為陽爻與二陰爻二四互易為三三三泰虞氏以解消息實大悖而恃悖虞氏又舉

三三三渙蓋虞氏又於說卦傳其究為健為蕃鮮震巽旁通之說以塘塞之不知旁通即消息何必多增一名詞虞氏又

特變之說為近利市三倍立說亦同視橫圖卦卦有消有息即卦卦可以旁通至震巽特變之說為健為蕃鮮震巽

特變之說更非理

之正。不如從孔穎達正義盈則與時而消虛則與時而消反為得體。

在升上六爻辭云冥升利于不息之貞象曰冥升在上消不富也爻辭言貞小象言消說見本章言

荀爽易繫辭不言消息是劃清周易與二易之別在繫辭有云易不可見則乾坤幾乎息矣此息字

非消息之息乃當作息滅解與䷰草象水火相息之息義同繫辭言陰陽言動靜言變化言剛柔

言大小言翕闢皆指一爻變而言言變通指上下兩卦通數極變而吉曰錯綜錯者指歸藏連山排

列而言在周易僅十六卦上世者有四為䷁坤為䷜坎䷝離三世者有四為䷋否

泰為䷊䷾既濟䷿未濟歸魂亦有四䷐隨䷑蠱為䷴漸䷵歸妹遊魂亦有四

頤䷚大過䷡中孚䷼小過餘四十八卦皆是綜虞翻以為䷲震䷸巽䷳艮

兌四卦非消息。故云變伏而不旁通在歸藏震巽錯艮兌錯在周易震艮綜巽兌綜相綜者如震艮。

```
    ┌─ 小過 ䷽
小過│
    └─ 頤 ䷚
```

其相綜之理連繫者為䷽小過又如巽兌。

```
    ┌─ 中孚 ䷼
中孚│
    └─ 大過 ䷡
```

其相綜之理與震艮同而虞氏竟不知三易之

209

別強欲以境三爻之別解之以消息解周易致鑄成大錯明季來知德已決定錯是伏羲圓圖但

又不提出橫圖綜是文王序卦解析已明白又創正綜雜綜之說不知綜是正和反乃是交互作用。

是現象底普通的聯繫所不同者如此虞翻注繫辭錯綜其數謂送上稱錯綜理也失其本

二 易緯論消息

乾鑿度上卷及下卷之上半實孟京二氏周易之繫辭乾鑿度云能消者息鄭玄注從文王也鄭說

膚消息之理出一陽一陰歸藏尚消息連山可依歸藏演繹之從橫圖可挨排出之凡卦六爻其位

初爻隔三十二位二爻隔初爻十六位三爻隔二爻八位四爻隔三爻四位五爻隔四爻二位上爻

隔五爻一位六十四卦卦卦可以消息遇陽爻消而為陰遇陰爻息而為陽有條不紊在周易其六

爻之變與歸藏對比其位相同而不尚消息鄭玄注揭出文王二字不合周易條例清人治漢學者

如胡渭惠棟輩力關橫圖將真理完全抹殺迷漢者尚虞翻撓三爻之說錮守曲說違反制器尚象

之大用奇謂養其一指而失其肩背今讀鄭玄此注知鄭氏於消息二字實未明確離開了現實的聯

繫因漢時四家博士各持門戶之見自鳴一家不能貫通諸家易學之亡博士實肇其端讀漢書朱

雲傳有云

是時少府五鹿充宗貴幸為梁丘易自宣帝時善梁丘氏說元帝好之欲考其異同令充宗與

諸易家論。祖縣按諸易家指當時梁丘易。外有孟氏施氏京氏立學官者此外有韓費高三氏。充宗乘貴辯口諸儒莫能與抗皆稱疾不

敢會有薦雲者召入攝廟登堂抗首而請音動左右既論難挂五鹿君故諸儒為之語曰五鹿

嶽嶽朱雲折其角。

又西京雜記云。

長安有儒生惠莊聞朱雲折五鹿充宗之角乃歎曰蘭棄積反能辭邪吾終恥溺死溝中遂裹

糧從雲雲與言莊不能對遂逡巡而去拊心謂人曰吾口不能劇談此中多有

易以言者尚其辭為聖人四道之一言語亦明道之要具議事者更當重視雲治孟氏易頗

有師道惜與五鹿充宗論難班氏未叙史失闕文若叙及之可證孟與梁丘學說之異同實有補於

易道五鹿充宗在藝文志易類有署說三篇已佚班氏於東方朔司馬相如揚雄諸傳修錄文賦於

學術異同皆不錄附此為文勝質之害乾鑿度又云

昔者聖人因陰陽定消息立乾坤以充天地也。

鄭玄無注薛據孔子集注引此作文王以陰陽消息立乾坤統天地薛據之說不足據陰陽消息是

周易以前之易非周易後人妄改乾鑿度依附周易不知消息二字在作周易時已棄而不道列子

211

天瑞篇節去消息二言較薛說為勝乾鑿度又云。

孔子曰極至德之世不過此乾三十二世消坤三十六世消。

乾是消坤當是息此以消字屬之坤似不類惟此言世軌之法不是言消息且世軌之世非世爻之

世乾元序制記言世數亦與此異鄭玄注云。

乾坤之君德之至盛為其子孫相承之世如此而已數之已消也。

按鄭玄注數字上據正文似脫過此二字乾三十二世消言一軌享國之法乾三十二世四八也四

八相因為三十千乾為陽數何以不用九而用八似陰陽顛倒在乾鑿度作者之意以乾由坤而來。

初復二臨三泰四大壯五夬六乾此六爻為坤之變故不用九而用八又坤三十六世四九也四

九相因為三十六坤為陰數何以不用八而用九以坤由乾而來初姤二遯三否四觀五剥六坤此

坤六爻為乾之變故不用八而用九作者又改坤息為坤消故弄玄虛以欺人此漢前通人之慣習。

范欽天一閣刊乾鑿度誤字纍纍不可卒讀黃宗羲據之謂字多不校正象數論卷三所據范氏

刊本以譌傳譌整理乾鑿度世軌文王世軌水旱軌雖加組織而於消息二字未窮其究又未曾推

排加以釐正黃氏對於乾鑿度雖升堂而未入於室但對於周易在明末三大儒中較顧炎武王夫

之二人則別具卓見黃氏對世軌云。

212

軌運測驗之法，可以考見者，以所值之軌，分受命之君之善惡從正文得正失正而言。……其

受命即位之年在入軌之初，與天運相符，則有子孫繼之以畢其軌，亦如六爻次序自初至上

祖緯按乾鑿度票初上二爻大背易理，例如乾初九潛龍勿用，上九亢龍有悔，寬可不當軌年廢去六十四卦皆然周易三百八十四爻若卦爻去初上兩爻僅得二百五十二爻，不當軌年

之初既與天運不符身倖不失子孫自不能繼受命之君其德宜於卦德相符苟失其德陰則

起大而強陽則桑易而弱則不永其位水旱兵饑致知其年預為之備則可以救災度厄此五

者其大暑也。然其言自相矛盾不審於理一軌七百六十年所謂聖人庸人君

子小人者。祖緯按黃氏之說泥於曲說之

有天下者可一委之運數而人事不修也，即位之年以欲當軌之初從古來有七百餘年不易

其姓者乎，祖緯按從古至者乎胡煦周易函書的存卷三，帝王之治天下先軌其中寧因消息

引黃氏說改覽盡如所云乎，以謅媚滑稽柄甚。

所直而過剛過柔以迎卦氣乎，卦氣二字失效，水旱兵饑十年內外不能不遇而以六百年七

百年為期是亂日少而治日多也，小道可觀致遠恐泥其斯之謂與。

乾鑿度為京氏易之所據，水旱兵饑寶寒溫之張本黃氏未能與京氏對比言之亦失諸野孟軻有

言三十年為一世五百年以有王者與此孟氏自負之辭與此言七百六十年為一世軌姬昌則以

七百二十年為一世軌二說不同惟七百二十年見漢書律歷志引易九厄次七百二十陰七孟康

注曰九乘八八九七十二為七百二十歲次七百二十陽七孟康曰亦九乘八之數故易九變故再

數也如滔曰八十歲紀一甲子冬至以八乘九八九七十二故七百二十歲乃有災也如滔之言以

世軌即災異此漢儒言皆如後世關朗之洞極衛元嵩之元包邵雍之皇極經世胡翰衡運論等書

皆效其說奢言災異以感人世惟胡翰之說得之秦曉山无改其人其說實言序卦之理迂而未通泥於

乾鑿度所云消息卦純者為帝不純者為王六子即震巽坎離上不及帝下有過王故六子雖純之

純其爻有陰有陽不為乾坤胡氏為消災度厄之說所蒙以卦建之邪說出之不知軌運乃律歷之

閑古人言易喜言卜筮尚占及侈言災異所述求世軌災異諸法究屬非是惟胡氏言革注頗合社

會發展史之理錄之如下。

天生仲尼當五霸之衰而不能為太和之春者何也時未臻乎革也仲尼沒繼周者為秦為漢

為晉為隋為唐為宋元而不言元卓識垂二千年猶未臻乎革也泯泯棼棼天下之生欲望其

為王為帝為皇之世固君子之所深患也

胡氏在專制淫威之下如此立論頗具卓識明文在末錄。至乾鑿度黃宗羲之說胡煦周易函

書約存卷九盡沒錄黃氏謂處胡氏皆未訂正於黃氏之說加以改竄竄見約存卷十九。與原文

異惟文冗長限於篇幅不贅。

易緯稽覽圖修言消息京房倡之後漢郎宗父子習其緒詳見漢書京房傳及後漢書郎顗傳寒溫

亦易之末流王充論衡寒溫篇已刺其謬為易之旁門可不再談。

消息二字是歸藏的範圍連山因龍之作周易時巳廢而不談周易尚變不重消息惟後人作象時，

於否泰二卦以消息為消長剝卦舉出消息非真合消息原理。

三、歷代治易者消息論

荀爽治易人謂在東漢羌丁靈之際當首推荀氏惟改消息為升降創乾升坤降之說有時又作進退

荀氏所謂乾升即是息是言息者由坤息至乾如階之上升故曰乾升所謂坤降即是消者由

乾消至坤如階之下降故曰坤降更立名目自炫新奇荀氏之說見李氏集解惠棟周易述引用至

夥惠氏易漢學輯荀慈明易一卷張惠言又著鄭荀易三卷孫堂漢魏二十一家注集荀爽易一卷

馬國翰輯荀氏易三卷後人宗其說者有蜀才伏曼容輩荀氏之學主觀過深其論易以乾升坤降

為主謂易以陽在二者二即二爻當上升坤五為君陰在五者五即五爻當降居乾二為臣又取五行四時之

王又取干支致力雖勤惜昧於易之正義後漢書荀爽傳爽對策陳便宜云。

臣聞之於師曰漢為火德火生於木木盛於火。祖縣按五行生克實非生者為吉克者為凶，故古醫書言不足宜補有餘宜瀉方合正義。

215

其德為孝。祖縣按荀氏釋孝字實元法可求，易言元亨利貞是禮，利是義，貞是智，不言信，信在中五，无從考證。論語學而篇孝第也，皆其為仁之本與。似孝字可包括在仁字之内。其象在周易之離。祖縣按離卦與乾卦更不相涉。在周易，離卦更不知有父。禮記祭義者畜牝牛吉，牝牛即母牛，與牝牛之義仁字之内。其象在周易之離。祖縣按離卦九四突如，

相合。夫在地為火，在天為日，在天者用其精，在地者用其形。祖縣按此兩句言人之安。夏則火王。

其精在天溫燠之氣，養生百年，是其孝也。冬時則廢其形，在地酷烈之氣焚燒山林，是其不孝

也。祖縣按孝與不孝之別，以夏冬兩時出之，似涉於理。在春秋則何如。離卦九四突如，其來如，不參乎。古出不容于内也。疑漢

人以哭字解不孝偏。

荀氏之師不可考。荀氏對策一孝道二夫婦三遷出後宮采女四依古禮尊卑之差咸據易立

說殊无卓見爽猶子悅作後漢紀稱爽治易云

孝桓帝時故南郡太守馬融著易解頗生異議。祖縣按馬融周易解孫堂馬國翰皆有輯本。余

及臣悅叔父司空爽著易傳據文象承應陰陽變化之義以十篇之文解說經意。祖縣按此仲

即十翼。十翼中无升降二字，承應爻象屢出。而荀爽所謂承應，亦多臆說，說詳下。由是兗豫之言易者咸傳荀氏學。

荀悅之說譽其家世未免榮私將荀爽之易分為四事論定之。

（一）事乾升坤降泥於二五兩爻實出京房大畜象云謂二變五體坎。祖縣按京氏云二變五體坎震，大畜為三三，家人並不體坎。今

云體坎乃以卦得

陽五為正立說。

五天位故曰應乎天。

荀氏據京說解乾升坤降之說實背消息之理伏羲十言之教所謂消息者並不言乾升坤降而其

定理。凡一卦六畫以一陽一陰求錯之理遇陽當變陰爻即是消陰爻變陽爻即是息宜消宜息。

視爻之陰陽而定並非拘泥乾坤二卦又並非拘泥於二五兩爻在周易卦之六爻二五相應初上

相應三四相應此乾坤二卦之次序。如此若在䷂屯䷃蒙二卦其例與乾坤不同屯之初爻變

䷇比與蒙之上爻變䷆師相應屯之二爻變䷻節即與蒙之五爻變䷺渙相應屯之三爻變

䷾既濟與蒙之四爻變䷿未濟相應屯之四爻變䷐隨與蒙之三爻變䷑蠱相應屯之五

爻變䷗復與蒙之二爻變䷖剝相應屯之上爻變䷩益與蒙之初爻變䷨損相應即

是綜與歸藏相錯絕對為二事不可相混惟周易六爻之變或上下兩卦各自為序或上下兩卦相

綜為序其位之級數 32 16 8 4 2 1 與歸藏同所不同者惟无陽消陰息之別今荀氏欲以二五之變

來包括全卦置初三四上各爻而不顧非理之正荀爽注家人象

父父子子兄兄弟弟夫夫婦婦而家道正正家而天下定矣。

其立說大張三綱之說謂

父謂五祖縣按荀氏風主五為君位是君為臣綱此言父為子綱子謂四兄謂三弟謂四夫謂五祖縣按此為夫為妻綱的

婦謂二也各得其正故天下定矣。氏所說爻位皆匪夷所思

荀氏以二五兩爻附麗三綱之說。頗覺支離。惠棟周易述卷九屏而不錄。不為无見。

(二)事荀氏喜言承應的定例在第一事巳舉其概。在革六二。

巳日乃革之。征吉无咎。

荀氏注云。

日以喻君此謂五巳居位為君二乃革意。祖縣按此荀氏言二五應。去三應五。與四應三。故曰巳日乃革之。
上行應五去旱就尊。故曰征吉无咎也。

又同卦九三。

征凶貞厲。

荀氏注云。

三應於上。祖縣按三四兩爻相應。荀爽云。三上相應。此星翁俗說。欲往應之為陰所乘。故曰征凶。祖縣按凡卦爻爻自為而釋。若正居三而據二陰則五末危之。故曰貞厲也。象各有所據不必據此

觀革卦六二九三兩爻荀氏所注其說拘泥使明白易解之周易其義反晦余以周易之變與橫圖

一一對照求之。知荀氏之說與周易之例全違。今闡明承字之義古今釋承字類皆猶像不定懌者

多稱心為之不足以為要惟王弼之說得其正王氏周易略例上云

剛柔相乘可立主以定也。見明卦象……承乘者逆順之象也。見明卦通變通爻。……辯順逆者存乎承
上同。

王氏以順逆釋承乘可作定論並可探知費高二氏以十篇之文解易。十篇即承與上下兩卦有聯

繫之例至歸藏六十四卦全是錯不必言承此周易與歸藏連山之大別如此承說文奉也奉者以

手拱而上之廣雅釋詁四承繼也以解周易不及奉義之勝歸妹上六女承筐无實虞翻注自下受

上稱承為承義之真諦讀者於承字義或未明可細讀邢璹之注自能貫通不致為王弼所謂一失

其原巧愈彌甚之譏王氏周易舉例實係附曹氏借易別有作用无怪為范寧

所譏以為弼之罪浮於桀紂細繹易理所謂位乃合辯證唯物學說所謂變通擾時乃合歷史唯物

之意凡物非革命不可革故鼎新易之常理晝胤征舊染汙俗咸與維新禮記大學茍日新日日新

又曰新義同又所謂革命不是夏變殷殷變周一種說頭凡事物日新其力爭上游易言生生之

謂易方合革字之義淺人不知以易姓受命為革此不過爭取政權以恭易暴弊渌失諸遠茲舉

荀氏所謂承見於集解義海諸書如乾九三屯象否六二又六三謙初六蠱六五臨九二象又六四

象恒九三蹇六四象損象與初六象渙象又六三共十四事細分之以二五兩爻升降為主體而初

三四上各爻承之者。如乾之九三臨之六四象恒九三渙象巽初六象以三上相承者如渙六三以

三爻承上爻者如姤象以陰陽相承者為否六三謙初六蠱六五臨九二象寒六四象以間爻相承

者為否六二又損象可貞注云少男在下少女雖年尚幼必當相承故曰可貞立說互異至乘字見屯之

六二象象比象謙六五恒卦辭困象革九三睽九三節上六中孚初九皆以陰陽立說共十四事荀氏之說求之易理亦能盡合。

(三)事荀氏亦言消息如坤之上六龍戰于野荀注云

消息之位坤在於亥下有伏乾為其兼于陽故稱龍也。

此為十二消息即以十二辟卦為十二支定十二月不離乎位如☷☷坤在亥則☷☷復起子丑

起☷☷臨寅起☷☷泰卯起☷☷大壯辰起☷☷夬巳起☷☷乾午起☷☷姤未起☷☷遯申起

☷☷否酉起☷☷觀戌起☷☷剝坤在於亥良是坤與乾錯故曰下有伏乾龍伏之說京房所創可

不必引用荀氏釋坤文言玄黃者天地之雜也亦曰

消息之卦坤位在亥下有伏乾陰陽相和故言天地之雜也。

此注與上注相類惟坤位在亥實勝坤在於亥句在否卦

九五休否大人吉其亡其亡繫于苞桑。

荀氏注云、

陰欲消陽由四及五，是荀氏未明消息以五位為尊，先
<small>祖緜按荀注此句，與上不相連繫且失解，先</small>

以象乾坤也。謂坤性順從不能消乾使亡，荀氏相包也，桑者上玄下黃，故曰其亡其亡。
<small>祖緜按此句更不合科學原理。</small>

惠棟周易述采荀氏包惠作者，乾坤相包也，桑者上玄下黃二句而更其下句為乾坤相包以正，故不可亡義與荀相反，吳派治易善改作此類甚多，荀氏此注實无足取。

荀氏亦言十二消息與虞翻同，十二消息者取乾坤二卦32 16 8 4 2 1消息之位，漢人欲以十二消息概六十二卦而不知卦具消息之理，於是中孚小過諸卦以十二消息證之，成為不能消不能息，至今成為縣案，若能卦卦可以消息解之，則中孚之錯為小過，小過之錯為中孚，荀氏於繫辭

往來不窮謂之通注云。

謂一冬一夏陰陽相變也，十二消息，陰陽往來无窮已，祖緜按古易通，故通也。

余以為窮通，即繫解窮則變變則通之理，較消息更進一層，周易兩卦之序，及六爻之變已不尚消息，皆在變通，在橫圖中惟十六卦與周易相通，詳竟第一章，及此章上文，然亦有用消息者。

(四) 三三升卦上六冥升，利於不息之貞，爻出息字，象曰冥升在上，消不富也，象出消字，荀氏注云坤性暗昧，今升在上，故曰冥升也，陰用事為消，陽用事為息，陰正在上，陽道不息，陰之所和故

曰利于不息之貞，陰升失實故消不富也。

惠棟周易述引荀說鄭易荀氏正文為坤性暗昧令升在上故曰冥升也二升五積小以成高大故曰不息陰之所利故曰利於不息之貞。

惠氏又作疏以申其義云。見周易述卷六。

上體坤坤喪乙滅癸。祖縣按此據魏伯陽參同契說。故性暗昧。祖縣按魏伯陽參同契上篇出接遘昧冥句是初上之三為䷒臨與䷃遘相錯，古人立論决无如此之說。居上體而在升家故冥升此上荀承矛盾總之未明橫圖喜立異說以炫人，動多不近人之說。之義祖縣按此而先言積如天之昭昭地之撮土山之卷石水之義祖縣按此下皆妃足。案中庸言至誠無息。息字義件。祖縣按此而先言積如天之昭昭地之撮土山之卷石水之一句所謂積也繼之云維天之命於穆不已。又云於乎不顯文王之德之純純亦不已不即不息由陰爻變陽爻而來。二升五積小以成高大有不息之義惟改故曰不息句為有不息不息，祖縣按不是純息。祖縣按此三句實非荀氏原文，升五得正故云不息之貞上比于五五陽不息陰之所利故利於不息之貞也爾。

惠氏之說實不合述之體裁所謂述即述荀氏原文之說例不能改亦不能以荀氏原文錯雜於注與疏之間惠氏號為明經遽背經旨又如荀氏注爻象云冥升在上消不富也云陰升失實故消不富也。

惠棟周易述引荀義疏云。

荀云陽用事為息陰用事為消陽實陰虛陰升失實故消不富也。

惠說殊无見地張惠言周易虞氏義作。

陰消失實故利陽息。

張說亦提出消息二字然張氏對於消息之理實未能肯定說詳下張惠言論消息升之上 六為

二二蠱在此爻而論爻所謂息。故謂之冥是言至廣至昧爻言冥升乃言能升達天空至高至極之

遊北冥有魚簡文注窅冥無極故謂之冥是言至廣至昧爻言冥升乃言能升達天空至高至極之

度。如今之高空研究宇宙現象方合冥升不息之理苟畏難不進乃是消不是息能得其理方合乾

象統天坤象萬物資生之義而漢人釋統天與資生以策數申其義所識者小易以富有之謂大業。

日新之謂盛德生生之謂易已表明易之作用又舉而措之天下之民謂之事業其日進无疆如此

後之學者徒知自然不尚人為以為日月運行以成四時聽其自然而不肯加以人為殊失乾大生

坤廣生之旨所謂生生者即從乾大生坤廣生之理精益求精做到生生不已之旨即令日大躍進

又坤之象地勢坤君子以厚德載物厚德如今之所謂鼓足幹勁力爭上游即令日多快好省增產

節約是言地利之無窮在於人力之發掘不過古人立說疏於百姓日用 此四字見繫辭之一切事物以為

三易新論

223

耳目所及不必形諸筆墨而儒家又以工農為小人之事惟以聖功王道是尚說易更甚後世帝王，

利用為其子孫筆固封建王位而易言羣逺升之小象消不富也張惠言以富為實義確古富實同

義令象云富不云實者以升六爻象以志喜疑事志富為韻作實則不叶故荀爽惠棟亦富實互舉

此爻爻辭小象所謂消息以一爻立說與伏羲十言之教所謂消息以一卦為主者有別在周易六

爻之變卦位亦可從橫圖求之惟不尚陽消陰息但在爻變之位耳如升上六之變為爻三三蠱升蠱

在橫圖相隔一位是其證蠱外卦為三艮為山左傳莊二十二年陳厲公生敬仲使周史筮之遇觀

三三之否三三有云庭實旅者秦之以玉帛杜預注云艮為門庭又僖十五年秦伯代晉晉卜徒父

筮之有涉河侯車敗之象其卦遇三三蠱云其悔山也又云我落其實又昭二十九年在周易女感

男風落山謂之蠱杜注云艮為少男為山以三說按之山之在地地形崇高冥之象山多寶藏富之

象即實之象在左傳兩出實字實即富意是爻上六為冥令陰爻變陽爻乃是息息即升升之不已

乃是不息小象為消不富言冥爻艮有寶象艮由坤之變而來外卦坤陰不實令變艮地上

有山實之象原係陰爻令變爻陽爻乃是息此息由陰爻消而來能消其不實此息字由利于不息之

貞而來太卜釆取不息二字含有乾之象天行健君子自强不息同小象曰消不富也此富字與繫

辭富有之謂大業義同宋以後解者以冥升上无可升宜退不宜進立說與爻變與蠱之誼不合因蠱卦

224

之象辭盤元亨而天下治也又利涉大川，往有事也，乃係進而不退之卦，此息字不必拘於消息之

息此爻義最曲折余言如此，希世之治易君子正之。

荀氏四事余正之如上清人治漢學比皇奉孟京鄭虞四氏對荀氏惟惠棟周易述張惠言鄭荀義三

卷周易荀氏九家注一卷及之皆无卓見總之荀氏之易致力甚勤拘泥三綱等曲說更以二五兩

爻之變以概一卦致周易六十四卦失去相互之連繫此種別開門戶之見解不獨漢人為然歷代

相因其弊在不肯於卦爻中求真理所致。

茲再由荀爽易上溯孟喜京房所說之消息本糈覽見圖以寒溫解消息鄭顗繼之其說見漢書京房

傳後漢喜郎顗傳王充論衡著寒溫篇已詰此派之謬妄辨作所引京房孟喜易說並无消息二字，

是一疑問惠棟易漢學于述孟喜易開宗明義引孟氏卦氣圖說。

孟氏卦氣圖以坎冬離夏震春兌秋為四正卦餘四正卦主六日六分合周天之數内辟卦

十二謂之消息卦，祖縣按乾純陽陽爻變陰爻為消，初爻消為〓姤，二爻遯消為〓遯，三爻遯消為〓否，四爻遯消為〓觀，五爻遯消為〓剝，六爻遯息為〓

坤純陰陰爻變陽爻為息，初爻息為〓復，二爻息為〓臨，三爻遯息為〓泰，四爻遯息為〓大壯，五爻遯息為〓夬，六爻遯息為〓乾，即辟卦說詳一行大

見唐書歷志十七卷上，新行歷說。

世人以孟喜乾坤兩卦之消息謂之十二辟卦辟卦之說始於孟氏然僅知乾坤兩卦之消息兩不

三易新論

225

知六十二卦皆可消息。

孟氏卦氣圖宋人李溉以為出於孟喜朱震漢上易傳圖說載之究竟此圖是否出於孟喜之手不

能改定因周漢人競言師承謂造者殊多以易言之在儒林傳叙孟喜事已兩見其一云。

喜好自稱譽得易家候陰陽災變書詐言師田生且死時枕喜膝,祖縣按,鄰獨傳喜諸儒以此

耀之同門梁丘賀疏通證明之曰田生絕於施讎手中時喜歸東海安得此事

其二云。

又蜀人趙賓好小數書後為易飾易文以為箕子明夷陰陽氣亡箕子箕子者萬物方荄茲

也賓持論巧慧易家不能難皆曰非古法也云受孟喜喜為名之後賓死莫能持其說喜因不

肯仞以此不見信。

傳舉二事叙孟喜之作偽如此惟孟喜不言災異與京房異漢時言易孟京並稱且賓各不相作漢

書京房傳所謂消息不是橫圖之消息所云太陽太陰少陰諸說不是橫圖之太陽太陰而是

由洛書產生之太陽太陰少陰其說出稽覽圖後之治易者不加分析以二事并為一事實失諸遠

清代自號治漢學者往往合二為一不勝枚舉漢書京房傳載房以建昭二年二月朔拜上卦事云

辛酉以來蒙氣衰去太陽精明。……然少陰倍力而乘消息。……迺辛巳蒙氣復乘卦太陽侵

色。

又房至陝復上卦事云。

乃兩戌小雨丁亥蒙氣去然少陰并力而乘消息戌子益甚到五十分蒙氣復起此陛下欲正
消息雜卦之黨,祖縣按京氏所謂雜卦即指六十二卦,并力而爭消息之氣不勝彊弱安氣之機不可不察已丑
夜有逆風畫辛卯太陽復侵色至癸已日月相薄此邪陰同力而太陽為之疑也。

京房兩上卦事無非以石顯五鹿充宗疾房房為報復之舉爾至第二卦事房房為魏郡太守魏郡去
都遠兩戌至癸已僅八日天氣變遷乃是常事並且魏郡天氣與西都不涉房說如是宜班固識
以假經設誼依託象類信然京氏所謂消息與伏羲十言之教異又京氏所謂太陽太陰少陰亦非
横圖中之四象是據繫辭撰之以四以象四時立說讀時當細辨之。

京氏著述頗廣漢書藝文志云。

孟氏京房十一篇。

王應麟補注云。

釋文序錄云孟喜章句十卷京房章句十二卷晁氏云今其章句亡乃畧見於僧一行,祖縣按.
易纂令俠,其說散見於呂祖謙古易音訓,引晁氏及蘇軾易傳王氏困學紀聞,及李鼎祚之書。

王氏補注說欠明析漢書藝文志別列易經十二篇施孟梁丘三家又章句施孟梁丘各二篇此所

謂孟氏京房十一篇。以書名證之乃京房述孟喜之說與章句不同。漢書儒林傳謂京房受易於梁

人焦延壽時延壽云嘗從孟喜問易會喜死以為延壽即孟氏學翟牧白生不肯皆云非也京房多

詐一生以怪迁析辯詭辯為事作此書時依托孟喜自固藩籬此意中事以李鼎祚集解引兩家之

說以證明然否而門戶各異又陸德明釋文引兩家之說亦異且京房喜歐改經文與孟氏絕不相

同。許慎五經異義動云孟京說乃是粗枝大葉之說藝文志又云

災異孟氏京房六十六篇。

災異之說起於春鄭人裨竈至漢董仲舒以春秋說災異睽弘繼之夏侯勝以洪範說災異谷永

劉向父子李尋宗之翼奉之以齊詩說災異至以易說災異始於焦延壽至京房大楊其說元成之

際其說更盛王莽以新嘉漢詭說益熾讀王莽傳其說甚於京房假易以固新室爾漢時所謂儒者

之詭未有若談災異者京氏言災異見漢書五行志史漢以下二十二史之有志者凡五行志及祥異

志類仿班書以杳無價值之文字充滿篇幅賢為作史者莫大污點此云京房災異六十六篇令就

漢書五行志及歷代各史述災異之說杜臺卿之玉燭寶典李淳風之乙巳占瞿曇悉達之開元占

經彙而集之可得三分之二清儒如陳壽祺喬樅京氏之學幸壽祺經郛一書未就而罷其

鱗爪猶存讀之一无確實可冀經語其子喬樅成歐陽夏侯遺說一卷齊詩遺說者四卷齊詩翼氏

學疏證二卷詩緯集證四卷措詞游移兩可雖其書成於溥書軟掌之際與專心著述不同阮元稱
其書為析前人所未析未免過譽總之災異之說實為迎合人主其尤之工具害民誤國之邪說沈
欽韓云。

後書郎顗傳。伏安飛候參察軍政。祖絲按飛伏乃占卜之名與災異全異。李注。京房作易飛候隋志載周易
占諸書並京房撰其名目重複誕異不知誰所定也儒林傳房受易焦延壽易當從孟喜
問易會喜死房以為延壽易即孟氏學然則京氏之易托諸孟氏故易冠以孟氏隋志又有焦
贛易林十六卷今見行而志不列殆以焦氏無師法故不錄中祕或以京氏包之耳。

沈說如此王先謙漢書補注詰之云。

傳稱喜從田王孫受易得易家候陰陽災變書云師且死獨傳喜故言災異自孟氏易林當在
著龜家周易中。

沈說非王說亦非且武斷引儒林孟喜傳亦為傳云。

孟卿曰禮經多春秋繁迺使喜從田王孫受易好自稱譽得易家候陰陽災變書詐言師
田生且死時枕喜膝獨傳喜諸儒以此耀之。

班氏說如此而下列之京房傳對焦延壽師事孟喜亦說不認惟孟喜之易余昔草周易孟氏易
言制

三易新論

中巳。以為候即乾鑿度之類。故許慎五經異義引孟京說與乾鑿度有同者可證至災異之說孟氏

刊載。所不言虞翻五世習孟氏易。亦未言災異。故言災異首孟氏語。出无稽焉延壽易林中有

涉災異者亦无京房之甚至孟氏今見存諸說未涉消息京房則以災異與消息并為一事而所言

消息又無例可推無緒可尋業而不談為兌西漢有兩種亂事一為巫蠱一為災異巫蠱不過禍及

劉氏一姓而災異之曲說竟毒及後世托之於易貽害无窮至京房著書見隋書經籍志者至夥其

書皆佚現行本京氏易傳三卷六十四卦之排列既非歸藏又非周易上卷三十二卦以乾震坎艮

為序中卷三十二卦以坤巽離兌為序下卷摭錄繫辭乾鑿度孟喜卦氣之說作者注云陸績令之

治京氏易覽宗之其說與集解釋文周易義海撮要不類如口訣義引陸績周易述有

三姚士粦與孫堂所輯取陸績京氏易注至黟馬國翰所輯對俗本所謂陸氏京房易傳注則不著

一字京氏易傳六十四卦中卦卦涉及消息而其理殊遠不知消息祇用諸歸藏不能用諸周易固

周易尚變通不必用呆板消息二字去解周易總之消息二字未能解析明白則三易之別終身在

一個圈子中間不知大道在於何處輒忿文志文列。

京氏段嘉十二篇。

今其書已佚此段氏闡明京氏之說錢大昭以段嘉當依儒林傳作殷嘉繫史記索隱作赦段殷

救三字筆畫易混。

次言與荀爽同時者有鄭玄虞翻鄭玄之學師出多門其為學善箋發墨守,有春秋喜起起廢疾又喜駁玄有駁五其於伏羲之易提出十言之教八卦八言之外又特別提出消息二言使歸藏連山二

易不亡鄭注乾鑿度云。

連山歸藏占象。（祖輝按句本其質性也周易占變者效其流動也似脫者字）

此注已將三易劃清玄注周易輩輩可傳者分二事第一事為會通第二事為互卦雖生存之說不

加釐正因承漢人陋說未能考訂錯誤其說在鄭氏以前先秦諸子莫不以二七為火四九為金以

為聖經賢傳當如是余前作九宮撰署以正其術王蕭善賈馬之學而力詆鄭氏今在集解釋文所

述蕭說亦乏卓見魏時雖以蕭父朗所作易傳列入學官未免寂然因其學不及鄭玄所致玄注周

易亦出消息如☲☲坤上六文言陰疑于陽必戰為嫌于无陽也嫌釋文如字鄭作謙荀虞董陸作

嗛李氏鼎祚集解兼其實兼為正字坤之上六係陰爻故曰六六為陰陰中含陽故曰兼此為證。

兼之字義說文并有者其物本一而他物雜之故曰兼且謙嗛皆兼之孳乳从口為嗛从女為嫌

其實兼字可以盡之荀子正名篇單不足以喻則兼注兼復名也是單係一兼係二二則雜雜與兼

義同詩采菽疏引鄭玄說兼鄭作溓其言云

謙，讀如蔡公謙之謙，古書篆作立心，與水相近，讀者失之故作謙，祖縣探惠棟易漢學作㗊并

正惠氏疏慊與下文，文氣不貫更失諸遠，謙雜也陰謂上六也陽謂今消息用事乾也，云詩正苑所引有訛字令改

此疏見詩小雅采薇歲亦陽近司輯鄭氏易者首宋人王應麟次惠棟後孫堂又就王惠二本重校之。

其後袁鈞又重敘之袁本為勝惠棟易漢學卷六爻成鄭氏易對慊於陽惠棟正王弼之譌謂王弼

俗本陽上有无字以此句大義證之若作兼則兼於陽周易尚變坤爻皆陰乃是无陽令六爻變

是陰兼陽為作无陽義不可通令王弼以嫌為之嫌疑也與上文陰疑于陽必戰之疑合則王弼似

另有樸本惠以俗本二字目之余嫌惠氏過于失言繼惠氏後有張惠言鄭荀義三卷周易鄭氏

注一卷對此句亦无創獲姚配中周易姚氏學力宗鄭氏喜竄入虞氏自亂其例近人曹元弼致力

於鄭學著書行世璧守有餘企發則未足對此句亦无創獲鄭氏此注消息與十言之消息无別又

共卦辭注云。

消去小人。

共三三上六在陰陰為小人上六變三三乾乾體備而具元亨利貞四德故曰消去小人此消字雖

指爻變然亦指十二辟卦而言惟王惠張孫所輯鄭氏易殊於認識因鄭氏初習京氏易已先注易。

後從馬融習氏間費氏易後人所輯佚者欲辨京費之別力實未遠然鄭說亦有大不然之說如注

大畜上九何天之衢象道大行也云。

人君在位負荷天之大道

鄭說遠不及虞翻注謂上據二陰乾為天道震為行故道大行虞說雖膚尚可疏解惟鄭玄於易最足稱者是合象象於經使學者尋省易了說詳魏書卷四三魏帝紀。王弼宗之至唐史徵口諫義以經與象象叙列注前讀者尚稱便宋呂大防創周易古經之說流風所被競言古易至呂祖謙古周易十二篇成後讀者轉覺繁複何楷古周易訂詁十六卷以象象列經下低一格以別之讀之皆便至清代治經號為樸學家者自患棟周易述至段復昌周易補注約數十種皆經傳分列治易者嫌其繁複。

王廙善賣馬之學而不好鄭撰定父朗所作易傳列於學官說雖平正然圍於封建思想如注序卦

豫必有隨云。

歡豫人必有隨隨者皆以為人君喜樂歡豫則以人所隨。

易理重在百姓日用以前民用朗說全違遠不如韓康伯注順以動者眾之所隨。

易童子問議序卦二爻為示兒語誠然其於周易組織及六十四卦如何相序缺而不提疑作者以六十四卦卦名人不能記憶作此篇以備不忘如歌訣之類惟篇中提物字重提萬物字殊有深意在上經乾坤二卦下經咸恒二卦提出萬物餘六十二卦不曰物即曰象言物至二十三字之多其重

如此。

王朗之易未嘗涉及鄭氏易至肅作聖證論亦未涉鄭易一字在周禮媒氏疏引張融評語有三三

泰六五帝乙歸妹及三三咸象融堅持鄭玄之說以詰王肅至王朗父子言易在集解釋文李善文

選徐堅初學記御覽未見消息二字

兹舉虞翻言消息者今之治漢者多以虞氏為宗仍不能離惠氏之科臼惠棟易漢學敘虞氏易一

卷之多首列八卦納甲圖不知所謂納甲者係魏伯陽言潮汐之理因北方四家治易皆未觀潮與

汐魏係上虞人家濱大海朝夕見潮汐之吐納乃作此圖所謂納甲者納釋名釋言語彈之彈之兩

致之言也離騷注彈按也則納亦有據義納甲猶言據甲自來注釋尚契及注

易者皆失其辭令之代數以ABCD等字以代之吾國古時四元皆以甲乙丙丁諸字代之屢見古

算術諸書魏伯陽以潮汐明易潮汐與月有關月有三十日若舉三十日一一形容之文字過累乃

以納甲明之因南人當時言易者少有之自虞翻先人虞光始光則南人而居北地魏伯陽則局居

故里上虞虞翻居餘姚兩邑毘連同在海濱以潮汐解易是據實物而言吳書翻傳裴松之注引翻

別傳載初立易注奏云

臣先考故日南太守歆受本于鳳最有舊書世傳其業

234

虞翻所謂舊書即參同契諸書是。故注屢引之。如坤卦辭全主參同契立說。以詰馬融荀爽之失。如

小畜上九爻月幾望爻蠱象先甲三日後甲三日剝象君子尚消息盈虛天行也蹇卦辭蹇利西南不

利東北又蹇象蹇之時用大矣我歸妹象天地之大義也又云五月幾望吉巽九五先庚三日後庚

三日吉爻辭在天成象在地成形變化見矣又五位相得而各有合又縣象著明莫大乎日月又八

卦成列象在其中矣說卦水火不相射又故曰成言乎艮諸注皆引參同契之說揭其大要如上虞

翻喜言消息以十二辟卦為消息之卦而不知六十二卦卦皆具消息不加細玩繫辭以按玩見以撓三

爻之曲說假託其吏人陳桃夢見道士之說以欺世因十二消息用於歸藏乾之消其說出於孟喜

僅知乾坤二卦可消可息而不知六十二卦卦皆可消可息令虞氏創撓三爻之說以凡乾卦六

爻中有一爻之變為陰者皆屬姤在周易乾卦六爻之變初爻姤。乾二爻同人。離三爻履。艮四爻小

畜。巽五爻大有。乾上爻夬。坤。坤卦六爻中有一爻之變為陽者皆屬復。在周易坤卦六爻之變初爻

復。坤二爻師。坎。三爻謙。兌。四爻豫。震。五爻比。坤。上爻剝。乾。是為周易之序卦與消息異如乾卦六爻

之變姤共序同人大有序小畜復序坤卦六爻之變剝復序師比序謙豫序與橫圖消息之位不同

周易之變雖亦以位但是无陽消陰息之別其位亦32 16 8 4 2 1與歸藏无異惟所得之卦不

同。

235

虞氏挽三爻之說。皆違消息之理。且與周易變通之例亦不合。挽有挑意。說文挑挽也是明證在駢字莊子大宗師挽挑無極。又一明證。挽挑三爻之說。可分為三例如下。

一、凡五陰之卦。如䷗復由坤卦之陰消息而來。如䷖剝由乾卦之陽消而來。五陽之卦。如䷫姤由乾卦之陽消而來。原各有別。而虞氏妄以十二消息爻之次第。不論出於何宮感歸納在辟卦之中。以辟為君。是封建思想作祟在虞氏之注。以乾坤兩卦言君德。在乾卦盛言君德。在坤卦重言順。餘卦從之。惟虞氏立說不若漢時諸家陳陳相因。推崇君綱是其所長。易理至簡。簡見繁。如虞氏發明挽三爻之說。反覺過繁失易簡之貴。

五陰之卦乾宮有䷖剝。坤宮有䷗復。又有䷗比。兌宮有䷋否。坎宮有䷆師。震宮有䷏豫。離宮有䷌同人。巽宮有䷈小畜。虞氏必欲以挽爻使之畫一。以姤共大有豫同。以剝復比謙師豫六卦屬於乾坤二卦。又虞氏挽三爻之說。收覺過繁失易簡之貴。

爻之張惠言說。例之使之整齊。使五陰之卦。在卦挽一爻。以使歸於復使歸於剝。无一定例在。

爻之見下。剝復比謙師豫六卦屬於乾坤二卦。又如五陽之卦乾宮有

四陽二陰之卦。四陽二陰之卦在乾宮有䷠遯。坤宮有䷡大壯。又有

236

需。兌宮有〓大畜艮宮有〓賁又有〓中孚離宮有〓鼎

又有〓訟坎宮有〓革震宮有〓大過巽宮有〓家人又有〓无妄

今虞氏以挠二爻之說以需兌大畜睽離鼎訟革巽家人无妄十一卦屬於遯大壯二卦中孚

大過二卦困挠之无可挠乃以旁通塡塞之不知旁通即横圖陽消陰息何必多立名目消人

耳目說詳下四陰二陽之卦在乾宮有〓觀又有〓晉坤宮有〓萃又

有〓震又有〓小過艮宮有〓蒙坎宮有〓坎又有〓屯又有〓晉坤宮有〓臨兌宮有〓屯又有〓蒙坎宮有〓頤虞氏

〓明夷又〓震又有〓解又有〓升巽宮有〓頤虞氏挠二爻之說以旁通

蹇艮蒙艮坎屯明夷震解升十一卦屬於雚臨二卦小過頤二卦困挠之无可挠即以為旁通

四陽二陰與四陰二陽之卦計三十卦。

三挠三爻足矣之說易用爻字師象可以王爻爻者實未定之辭說文以爻記已解也是以爻

字每用句末一字而言至小象用爻字孟之九三爻革之九三又何之爻旅之九三亦

以傷矣繫辭三多凶故多用爻字則夬之孚乳為侯為嘆為唉為嗾皆有未

定之意虞翻說爻字亦然至挠三爻在乾宮有〓否消乾又反泰也注泰云陽息坤反否也

是為十二辟卦立說在兌宮有〓困又有〓咸又有〓歸妹在艮宮有〓賁又有

237

三三損又有三三漸。在離宮有三三旅又有三三未濟又有三三渙在坎宮有三三節又有三三

既濟。又有三三蹇。當在震宮有三三恒又有三三井又有三三隨在巽宮有三三益又有三三蠱。

虞氏以為此十八卦用之變皆屬否泰合否泰二卦計二十卦上三例合六十四卦。

虞氏以三爻之說於消息真理全謬虞氏又創旁通之說見李氏易傳者計二十則在謙卦謙亨虞

翻注云。

乾上九來之坤。之坤為三三剝。與履旁通卦本與謙錯祖縣按三三謙，來與履旁通。親縣按三三履，天道下濟。故亨彭城蔡景君說剝

上來之三。

惠棟周易述疏云。

蔡景君傳易先師言剝上來之三剝之上九即乾也。以消息言之故云剝上來之三案虞論之

卦无剝復共遘之例景君之說虞所不用也。

虞翻言蔡景君說在謙卦之前需卦注云大壯四之五與晉旁通師卦注云乾二之坤與同人旁通

小畜注云需上變為巽與豫旁通履卦注云坤三之乾與謙旁通同人注云坤五之乾與師旁通大

有注云乾五變之坤成大有與比旁通此注引蔡景君說以剝卦之變立說惠氏所謂虞論之卦无

剝復共遘之例其說殊非不知虞氏之例凡五陰一陽之卦及五陽一陰之卦其之卦以乾坤四陰

二陽之卦及四陽二陰之卦其之卦以遯大壯觀臨。三陰三陽之卦以否泰故无剝復夬遘四卦。

讀虞注可按而知此引發景君之說未定然否而惠氏謂景君之說虞所不用太覺武斷至惠氏又

言消息亦失其真理上文已叙不贅至以之變言消息自實背三易之條例致世之治虞氏學者

累月莫能決其然否力申虞義愈覺支離本是捷徑反成迷途余乃草簡易之圖以明謙卦之消

息與復相錯至旁通即是錯可省卻一個名詞一掃虞氏釋旁通之複雜如下謙卦。

上爻息兌一位 為復䷗。
五爻息歸妹二位 為兌䷹。
四爻息臨四位 為歸妹䷵。
三爻消泰八位 為臨䷒。
二爻息明夷十六位 為泰䷊。
初爻息謙三十二位 為明夷䷣。

謙履錯漢人治易名之曰旁通壞右圖可證明旁通即是錯錯即是旁通可以深信不疑惟虞氏極

深研幾不无可取之處願世之治虞氏易者擷其精華去其糟粕也可。如虞氏注繫辭備物致用立

成器以為天下利莫大乎聖人云。

三易新論

神農黃帝堯舜是也，民多否閉，取乾之坤謂之備物，以坤之乾謂之致用。祖絲按：乾之坤及坤之乾，分二者立說，仍拘以備物致用分而為二立說，頗有卓見。祖絲按：虞氏以物與器用分而為二，已知物為二，即用分而為二，立說頗有卓見。是生產後否之初，祖絲按：即十二卦取諸益，耕稼之利。否五之初，祖絲按：即十二卦取諸隨，牛馬之利。謂噬嗑，蓋取以利天下，通其變使民不倦，神而化之，使民宜之。聖人作而萬物覩，故莫大乎聖人者也。

祖絲按：即十二卦取諸渙，舟楫之利。否四之初，祖絲按：即十二卦取諸噬嗑，市井之利。否四之人多不辨為否四之初，祖絲按：即十二卦取諸益，耕稼之利。天然之物令所謂生產資料，器乃人工所成即用。

虞氏以否卦之變立說，以闡明十二卦之益。噬嗑、渙、隨四卦，觀象玩占，非致力之深者決不能為何以虞氏取否卦為之。因否卦在序卦云：物不可以終通，故受之以否。余對於厚卦深以歐陽修小兒語為然，惟此語不是否於物有相關者，清儒樸學大師治虞易者首推惠棟，著周易述以荀爽虞翻為主，而參以鄭玄宋衷干寶細別之，此五家立說各有主張，豈能鎔為一爐。又著易漢學內虞翻易一卷說亦未敢廢。

以純其撰易例二卷說虞氏易不過一鱗半爪而已。惠氏著周易述，因疾革未成者為革至未濟十五卦，江藩作周易述補，李林松亦作述補，治惠學者有譏二書為續貂，為沽名求免失詞，張惠言專研虞氏之學，著周易虞氏義九卷、虞氏消息二卷，其立說較惠氏為精然，虞氏之根本已傾倒雖欲扶之翼之勢所不能。在周易虞氏消息八卦消息成六十四，第六云。

卦變消息蓋孟氏之傳也，荀氏亦言之而不能具，其他則多舛，羌其法有定之，即爻之變有祖絲按：爻之變有

旁通。祖緍按虞說旁通即消息乾文言。有消息卦曰祖緍按張氏似指十二消息。而有消息所生

之卦注雖殘闕考約求之蓋乾坤十二辟為消息卦之正其自臨遯否泰大壯觀生者謂之

爻例自乾坤生者不從爻例每二卦旁通則皆消息卦也。祖緍按此二句旁通與消息何異。消息卦皆在乾坤

相合之時則剝復夬遘泰否之爻也。

張氏此說愈不能了解用力雖勤反使人不免疑惑後李銳作虞氏署例係理雖較張氏清楚因李

氏為算術家之故惟李氏消息第四節云張惠言著周易虞氏消息謂八卦消息成六十四非也其

說誤繼凌堂作周易翼緯綜孟京虞鄭諸家惜自未能深解消息之理,

繼言王弼之易注為近世治漢治宋所不道惟其學出賈直掃象說出持論本於老莊繫辭說卦序

卦雜卦未注韓康伯續成之韓固王之弟子,說見孔穎達正義,十二大衍之數注孔穎達作正義得疏家之體後人譏

之非,是倒如皇侃禮疏孔氏序有云狐不首丘葉不歸根以譏皇氏之野孔說力掃繫蕪可號大家。

宋人魏了翁以唐人注疏語采繕者乃節刪作九經要義是魏氏以繕為讖緯之緯所致學者宗之。

而經義亡惟王弼對消息亦未若漢人諸家之野其說猶足取且已辨別三易說見孔穎達易之與

其於中古乎者謂易之爻卦之辭起於中古若易之爻卦之象則在上古伏羲之時,但其時理

也其在中古乎正義云,

尚質素聖道凝寂直觀其象足以垂教矣但中古之時事漸澆浮非象可以為教又須繫以文辭亦以變又動吉凶故又卦之辭起於中古則連山起於神農歸藏起於黃帝。祖縣按此二句有語病。周易起於文王及周公也此之所論乃周易也。

此說孔氏已能辨別三易之大別惟連山神農歸藏黃帝在孔氏之前持論亦一此襲皇甫謐以連山起於神農蕭繹即梁元帝歸藏起於黃帝之說皆傳說之為但孔穎連之說亦前後矛盾孔氏說卦傳

正義云。

孔子以伏羲畫八卦後重為六十四卦。八卦為六十四卦之本。

伏羲重為六十四卦此六十四卦无非由一陽一陰遞生至六爻而成與歸藏之圖相合且非不能求消息之理又由一陽一陰遞生至十二畫即為連山伏羲重卦六十四為歸藏則无疑義至連山是否神農所作則不可知余乃肯定令之橫圖所列六十四卦為伏羲之重卦是尚消息文王因伏羲作六十四卦而重行之為文王之述作而重演之是尚旁行而不流其大別如此惟王弼對於消息二字能知非周易中之定理故注象象小家中未作切要之說如臨象剛浸而長王弼注云

陽轉進長陰道日消君子日長小人日憂大享以正之義

觀此可知王弼據否泰二卦消長二字立說而於否泰二卦不着一字似王弼亦以十二辟卦為消

息卦而未知卦可以消息又如剝象順而止之觀象也君子尚消息盈虛天行也王弼注云觀象

也觀其形象消息盈虛四字未注孔穎達正義申其說云

君子通達物理貴尚消息盈虛天行者解所以在剝之時順而止之觀其顏色形象者須量時制變隨物而

動。君子通達物理貴尚消息盈虛道消之時行消道息也在盈之時行盈道也在虛之時行虛道也若值消虛之時存身避害危行言遜

祖縣按此據劉氏嘉業堂本補也在盈之時八字各本脫

也祖縣按孔穎達此說發明王弼觸忤隱身句弼當時聞見孔融許

坤順艮止謂五消觀成剝故觀象也　見周易述卷八

若值盈息之時極言正諫。實非易理

建事立功也天行謂逐時消息盈虛乃天道之所行也春夏始生之時則天氣盛大秋冬嚴殺

之時天氣消減故云天行也

未解說魏晉人惟王弼唐人惟孔穎達及之至宋人之說皆單不足道惟清人惠棟始揭其義云

正義解消息膚而不切開後世程頤易傳等及宋元以下諸家易說易傳之弊至觀象也一句漢人

惠說是　先子亦以觀字作卦解。

觀象也者觀八月之卦也觀二陽四陰剝一陽五陰消息盈虛剝九月之卦天行至此由消而

息由盈而虛如草木黃落之類是也　見周易易解卷四剝象

以上兩說證明觀是卦名可无疑義王弼夬卦注云。

共與剥反者也剥亦受剛至於剛幾盡夬以剛決柔如剥之消剛剛損則君子道削柔消則

小人道隕

孔穎達正其義云

共決也此陰消陽息之卦也。祖縣按界限欠明陽長至五即息也。祖縣按長至五陽共決一陰故名為夬也。

決以字義解之為共之孳乳法淮南子時則訓審決獄高誘注決亦主此說究之界限欠明且後人

以剛柔與消息有并為一談者此不可不辨曰剛柔凡卦六爻一陽爻為柔剥一陰爻為柔剥即陰

陽曰消息與剛柔絕對分為二事消息以位凡爻以位計之遇陽爻消謂之陽消以陽爻變陰爻是

遇陰爻息謂之陰息以陰爻變陽爻是在橫圖乾與坤錯乾六畫純陽。按純陽即是乾與坤相錯坤六畫純

陰即是坤與乾相錯爻消為姤。如乾初爻消為姤。

五爻消為剥。上爻消為坤。一爻遞消此一定之理是言乾之坤與乾相錯坤初爻息

為復二爻息為臨。三爻息為泰四爻息為大壯五爻息為共上爻息為

乾是言坤之乾以此推之則乾坤此即一陰一陽之謂道即為錯亦即十二辟卦世位

錯觀大壯錯剥夬共

相同者為錯。在周易乾坤等十六卦從橫圖故皆序其他四十八諸卦其序則與橫圖不同後世治

周易者以橫圖列周易之前不知橫圖本質與周易大不相同若以周易之本質認為即是橫圖之

本質則是錯誤後世學者不能辨明兩者之別將三易混為一易使學者終身由之不能出於迷途。

歧路之中又有歧焉昔之人非不知之奈畏難於離經畔道之說更習於因循致一段公案始終未

能定讞今則百家爭鳴始敢暢乎言之自程頤以來作易說者皆列橫圖於前未能說明其例所致。

其例何在在於消息但消息祇能用之歸藏對不能用於周易。余之刺刺不休實為此不得已之舉

兹言周易之序乃橫圖之倒讀見下第十六章虞氏易平議其次第泰否為三世卦其上

下兩卦之連繫　兩卦為乾坤三世與三世為六　臨坤宮二世卦觀乾宮四世卦其

上下兩卦之連繫　為大過與頤二世與四世亦為六　剝復序剝為乾五世卦復為坤一世

其上下兩卦之連繫　為坤與頤五世與一世亦為六　遯大壯序遯乾宮二世卦大壯坤宮

四世卦其上下兩卦之連繫　為頤與乾二世與四世亦為坤五世卦姤為

乾一世卦其上下兩卦之連繫　為乾與大過五世與一世亦為六　乾坤泰否臨觀剝復遯

大壯夬姤即所謂十二辟卦凡周易六十四卦上下兩卦聯繫及連續為乾坤坎離大過頤中孚小

過八卦連續為否泰既濟未濟四卦又蠱歸妹漸隨四卦說見下第十一章卦象探原而王弼對於

三易新論

消息亦限於十二辟卦例。如王氏對於升之上六冥升利於不息之貞注云。

處升之極進而不息者也。進而不息故雖冥猶升也故施於不息之正則可用於為物之王則

喪矣終於不息消之道也。

王弼措辭浮而不實終於不息消之道也是言升之上六升无可升欲進於消此卦不在十二辟卦

之內細推王弼之說以卦六爻言之上六升是指陰爻以消為自升不再論陽消此卦為匪夷所思卦渙

爻辭之解。孔穎達正義亦嫌膚淺故可不錄王弼又注此爻小象冥升在上消不富也云。

六四之解。

勞不可久也。

孔穎達正義云。

象曰消不富者雖為政不息交免焉答然勞不可久終至消滅故曰消不久也。

孔疏消息二字隨文率解語久切實不是為訓上文已解故此不贅王弼於豐象曰中則昃月盈則食。

天地盈虛與時消息注語泛而孔穎達正義則云盈則與時而息虛則與時而消說亦泛惟末句云。

作文之體也頗有心得但拘泥作疏之體故未敢明言。

繼言韓康伯之注晉書韓伯傳伯字康伯傳末言治易見隋書經籍志王韓之失在祖尚虛无此魏

晉以來玄學盛行所致易是主有立說如一陰一陽之謂道韓伯注云

道者何元之稱也。无不通也无不由也。祖緣按无不通无不由。始可通可由韓說如是大悖易理。況之曰道寂然无體

不可為象。祖緣按是有體。有體而后有象。有象必有之用。而无之功顯。故至乎神无方而易无體。圓天地之化而

不遇曲成萬物而不遺言天地之化即是物又言曲成萬物是有萬物可知。惠棟周易述注神无方而易无體引太玄經終始連屬上下无偶是无方之義者也。乾鑿度云三微而成

无方而易无體引太玄見志擬太玄以卦氣立說與神无方不涉至乾鑿度云三微之說言周

易尚變十有八變而成易。一變即一著三著成一爻。鄭玄注三而一爻即十有八變成六爻。

而道可見矣故乾變以盡神祖緣按周易所謂變因神以明道陰陽雖殊无一以待之在陰

為无陰陰以之生在陽為无陽陽以之成。祖緣按韓氏論生成出於洛書。故曰一陰一陽也。

韓氏之說不純一而惠氏以太玄乾鑿度解之與原文不涉已於注下加按語不贅神无方易无體。

干寶有說云。

否泰盈虛者神也變而周流者易也言神之鼓萬物。祖緣按鼓見下文鼓萬物而不與同憂。及數之舞之以盡神其實不類。无

常方易之應變化无定體也。

干氏之說揭出否泰盈虛四字以解神。不能盡易之理。說卦傳神也者妙萬物而為言者也為神之

真諦上文出萬物七下文出萬物九可證方即本傳方以類聚物以群分之方。此言神无方言萬物

无常則在人利用之可使生產日益豐收群經釋方字合於此句者以左傳閔二年傳授方杜預注，

方百事之宜也此言神无方者即言萬事之宜至易无體易是主躍進的不是不變的如益之象云

日進无彊，大畜之象云。日新其德。繫辭云，日新之謂盛德。又云子曰夫易何爲者也。夫易開物成務冒天下之道，如斯而已者也。是易主進不主退于寶以易之陰變化无定體也較

諸家爲勝韓康伯注云。

方體者皆像形乎體者也。神則陰陽不測易則惟擬又所適不可以一方一體名。

韓康伯此注方體皆像形器乃是有不是无此體字與禮記中庸體物而不可遺之體義方合惟鄭

玄注體猶生也義尚未碻其詩箋在大雅行葦方苞方體云體成形也爲勝或詰之曰以方與體爲

有且以易有進意何以繫辭云聖人以此先心。退藏於密是退爲先答曰此所謂退是指天一地二

章而言前人注釋有陸績虞翻韓康伯劉瓛惟劉瓛釋洗。洗王廙劉瓛同王弼作洗。京荀廣董張蜀才作先。陸說野虞泥

於象皆扞格難通前人咸以爲韓康伯注有禆於教義云。

言其道深微萬物日用而不能知其原故曰退藏於密。

韓說如此去義亦遠因此章係闡明天一地二至天九地十之義宋人潘殖忘筌錄以大衍之數中

爲五十立說得其大義我廣雅釋詁二退歸也退藏是指九宮還宮而言或進或退當視其本質藏劉

瓛作藏藏說文未出以藏爲之藏即管子幼官篇藏溫濡五地十藏不忍三地八藏薄純地四管子

謂用七數二數是元數可推與藏蔘斂七地二藏密即同篇五和時即。……發善

藏蔘斂用九數四數當互易。藏蔘斂七地二即指天一地六之藏密即同篇五和時即。……發善

即指天九藏蔘厚即指天一地六之

必審於密執咸必明於中之密。如是則退藏於密句。方得著洛。孔穎達以卜筮立說。不能正其本義清

任啟運周易洗心據此兩句。為全書之綱領亦任氏未知天地二章為九宮之用亦失其本錯綜其數句。韓

康伯注未得要領。錯綜是消息綜是周易上下兩卦之互相連繫。祖緣按六爻消息乃成交錯。綜謂總聚之連繫。詳下論周易交錯總聚真陰陽之

數也。通其變者由交錯總聚通極其陰陽相變也。遂成天地之文者。以其相變。故能遂成就天

地之文若青赤相雜。故稱文也。

孔氏解錯綜雖較虞翻王肅之說為精。惟嫌有文勝質之弊。惟王弼之易有所傳授。韓康伯續注繫

辭說卦序卦雜卦淵源有自。孔作正義引崔覲劉瓛褚氏仲都周弘正張氏譏張何妥莊氏皆治王

弼之易咸有著述。以王弼為依歸。易注存者有王弼正義又演繹之。雖其說近於老莊有掃象之說。

將形而下之說完全抹殺。易本以有立說。而王弼以為无。至韓康伯注。一陰一陽之謂道云道者何。

无之謂也。注是故易有太極。夫有必始於无。又注幾者。動之微。云幾者去无入有。移兩可。皆像

曲解。然王弼宗費氏易學者若能從象旁參。融曹大家賦注。鄭玄王肅諸說。去其玄言實為一

可讀之書。

自孔穎達以來。繼之為史徵口訣義。大都節取正義而參以新說。又有李子鼎祚集解。治漢學者以為

真可寶之古籍鼎祚集三十五家之說古義卓然其自序云刊輔嗣即王弼字之野文補康成之逸象自

負如此惜對於消息二言亦未深入自宋以後更失之野故不贅言

清代治漢學虛實並且上而對於三易之大別消息之確詁亦无人注意自以為易之古誼復明於世

不知明照之處何在泥於訓詁之微末无卓爾不群之讜論吳派漫衍皖派代與江永者河洛精蘊

實一翼易之書惜繁徵博引而不加辨正致瑜瑕互見對消息亦无切實之定論卦變考亦昧於條

理高弟戴震學博而未能致力於易汪中謂千餘年不傳之絕學及戴氏出而集其成為未免過譽

文集中閻易補注目錄後語集卷一見藏東原原未見為戴之精注象論及讀繫論性亦无扼要之談戴氏

對於聲韻算術地理實有特出之見而對於陰陽之說措辭欲求高深反不能達其旨昔余弟子楊

純三求余以淺近之說出之解釋內經陰陽之說乃率爾成之云

陰陽之說古人著書不知凡幾其實二者不過是符號以代甲乙而已易繫辭曰一陰一陽之

謂道言一陰一陽由太極分而為二也正號謂之陽負號謂之陰如於人別其性男女也見其

形背面也分其體容貌為陽藏府為陰現其病氣色為陽脈象為陰凡一切事物目所能見者

皆可以陽目之目所不能見者皆可以陰目之

草此論竣純三謂數十年疑實一旦盡釋若以後人說易而拘泥之恐窮年累月不能窮其理至此

250

乃知通俗文之有益於治學不淺。

繼江戴者有焦循後之治樸學者以為屬皖派。余讀焦氏雕菰樓易學四十卷。凡通釋二十、圖畧八、章句十二文易餘籥錄。所著各書以章句為善因為晚年手定之書蓋治之彌篤而說彌精譽之者謂焦氏深通九九之學。由筹算通易在易學中在漢魏學說外。此重視漢魏之說闢未有之境界外毀之者謂穿鑿附會阮元為循之妻弟致書云。

又引之亦致書云。

處處從實測而得聖人復起洵不易斯言矣。

易學大畧實為石破天驚昔顧亭林負以為天之未喪斯文必有聖人復起未免太過玆之

奉手書示以說易諸條鑿破混沌掃除雲霧可謂精銳之兵矣一一推求皆至精至實要其法。則比例二字盡之所謂此例者固不在他書而在本書也未知先生以為何如惠定宇先生考古雖勤而識不高心不細見異於今者則從之大都不論是非如說周禮丘封三度顛倒甚矣。

他人無此謬也。

阮王兩氏惟重如此惟焦氏對於消息二字亦無定論如泰否二卦象言消息是據泰否三陽三陰立說焦氏在泰卦章句天地交而萬物通也云。

二至五為交爻旁通於否為乾坤之相錯故天地交否成益又通於恆故萬物通。

焦氏此說龍荀虞二五及旁通之說旁通由消息而來消息之理不外乎錯而繫傳言錯必連綜字而為之者因周易與十言之教相比例有十六卦合於消息者即是錯章說見第一其餘四十八卦不合於消息者乃是綜焦氏立論如此而阮氏王氏不加細辨真是枝粗葉大而焦氏又重言申之云。

消長以在五言之泰五小人也則宜進而為君子為道長不進而長為小人則道消矣。

進為君子則道長故大宜來也。

焦氏此說實襲荀爽虞翻二家言不過行文時增刪字數而已至否象亦如是不贅剝之象曰君子尚消息盈虛天行也象言消息盈虛是言乾消至剝再消上九一爻即成坤以流轉言之乾消成坤再由坤息成乾故曰天行也而焦氏云。

乾上之坤三。祖錄按乾上謂剝卦上九未變。上之坤三為☷☷謙不合消息不合天道共通於剝以補救之。祖錄按剝以補救之興共通。仍合天之道。

焦氏此注層共通於剝即王引之所謂比例王氏精於小學其父子對於易亦未深造因清代順治十五年命傅以漸曹本榮奉敕成易經通注九卷康熙二十一年頒日講易經解義十八卷康熙五十四年命李光地篡定周易折中二十二卷乾隆二十年又篡周易述義十卷以示萬古不祧之著

述踰出範圍即踽踽謝濟世之覆轍。謝氏易故注易者立說多人游移恍惚。注絫熾

焦氏著易致力雖勤而引人著述不肯略加某云某某云等字識之者謂掠人之美語雖刻薄不為

无見焦氏釋豐象天地盈虛與時消息云

離之成豐。祖錄按離上九變為豐為同易六爻之變非消息之真諦。猶乾之成夬豐通於渙猶夬通於剝。

此焦氏亦以比例解之措辭曲折不知係韻文消息是就韻為文別无意是食息叶而已說見上焦

氏又於雜卦君子道長小人道憂也憂與上文承為韻焦氏云憂當依李氏集解作消不知作消則

不叶不必改字。

焦氏於升上六冥升云。

升成泰无妄成既濟相錯即小畜成需豫成明夷冥升之冥即冥像之冥

焦氏此說恐人誤解不得不分析之俾得曙光三三升成三三泰句言升上六變則為三三蠱將巳

變之陽爻與蠱之初爻上下互易即為三三泰是襲虞翻撓三爻之曲說三三无妄成茲三三既濟句

言升與无妄錯至既濟之成因其說過於曲折令人難測難詳其實即泰卦二五兩爻互易為既濟。

解經立說須直截痛快焦說云是漢人十二辟卦之說至相錯即三三小畜成三三需三三豫成

三三明夷焦氏所謂相錯更屬誤會其意以為相錯是兩卦之連繫失之毫末謬以千里此鄉曲之

見不能登乎大雅之堂。如䷈小畜、焦氏以為䷀

需、焦氏以為相交。為䷕明夷。如此說經使穎悟人讀之必成癡侶至以冥升即䷏豫之

冥豫冥豫亦在豫之上六。是為䷢晉與升上六之盤實風馬牛不相涉疑焦氏以為在周易晉與

明夷為上下卦。故出此言。至解利於不息之貞云。

明不可息。故明夷通訟與泰通否同。

不息之貞並无明字今焦氏以不息之貞為冥並述明夷卦名以為確據。亦自亂其例焦氏立論如

此余剌剌之不休言之其故有二一使人據例可明焦氏之書二使人知焦氏之說尚非易之正鵠。

至焦氏訓詁亦失諸鑿力主旁通如乾文言六爻發揮旁通情也全易之義惟在旁通將全易範圍

縮小萬分不知旁通情也句承上文六爻發揮而來是指乾之六爻非指全易未濟象曰君子以慎

辨物居方云旁也謂與既濟旁通而二居於五繫辭方以類聚云方也謂旁通也又繫辭旁行而

不流云旁行旁通也其說皆舉當時樸學盛行在周易惟漢是尚焦氏於河出圖洛出書聖人則之

云未詳不知漢人河洛之說屢見著述。而云未詳未免失據此皆焦氏之所短惟治易之精與虞翻

相同。原卦一文。見通。以為伏羲必重卦。又云可知之旁通消息。即自伏羲已然。頗具卓見。

焦氏以後有凌空之周易翼學主張不廢河洛之說但其說則采鄭玄兼綜孟京虞諸家之說深懲

鄉壁虛造之言而尤惡新說於消息則仍舊說故不錄在淩氏之先者為端木國瑚著周易指其指

在周易圖五卷讀者先讀圖自然貫通惟注重井卦井卦對於繫辭天一地二一章似何擬辭而欲以

包括全易則所謂養其一指而失其肩背至於消息端木氏亦在若明若昧之中其卷末附卦侯即

七十二侯表云

稽覽圖其書首卦氣起中孚以四正卦坎離震兌主四時祖緜按在稽覽圖其六十卦卦主六

用洛書之位

日七分又以自復至坤十二卦為消息稱辟卦餘卦主公卿侯大夫孟喜京房皆出此

下端木氏亦以十二消息為主而未解伏羲十言之教所出消息二言周易指卷終云

易有象而後有數而後有理祖緜按端木氏引左傳十五年文原文物生而後有象象數之

間乃有氣祖緜按此句氣字乃端木氏首創氣者十二卦藏去首句在理萬不能通而其象數之

消息以尊君為主體未免无根沈菩登以光氣解易較善氣者十二卦於氣為消息祖緜按漢人十二辟卦

乾鑿度以純者為雜此雜字含有革命意未知六十四卦卦可以消息故為六十四卦往來也祖緜按端木氏曲從虞翻之迂說大

失易之弘旨故虞氏易言氣其言消息謂姤復臨否泰等是皆十二辟卦等說見上是皆卦侯十

二辟卦主卦消息祖緜按此中孚近頤等卦兌十二畫中有此二卦可證義明之不在卦畫祖緜按上文舉出震艮及巽

卦畫陰陽上下已在十二辟卦也後人復強以十二卦畫上下為卦六十四消息其卦于易以是虞氏說此中孚十二畫

侯不應其畫上下所自皆例窮不通不可視為消息更失諸遠因卦氣與消息有別故消息即祖緜按端木氏以氣侯為消息

三易新論

十二辟卦。祖緣按端木氏襲。中孚頤等出通卦驗。祖緣按端木氏謂舉書名當云出稽覽圖二

圖言寒溫。以驗卦氣者是易六十四卦言象即言氣而以言數言理易于言象言氣言數不有

可惜而言。而以言理皆非易理矣是以易皆此乾天行日月象斗象晝夜寒暑氣天地萬物。數卦

往來乾天行以驗消息盈虛。而知人事皆此而已易指所若周易指之簡綱卦畫進象

數推而以備氣與理。此于卷末具上下經往來卦八卦世位及虞氏所傳逸象以為說易者考

驗而說易本原則在易例出十翼者是。

此為周易指其治易之旨歸如是杭辛齋推重至再使初學者治此書恐迂泥而難通若得其易之

門者。不難了解因其書取材弘富可與惠棟周易述焦循之通釋作類書讀之也可至消息端木氏

言泰否二卦象之消長剝晝兩卦之消升卦上六爻辭與卦象約數千言使讀者不能驟明其理。

在泰卦端木閩瑚云天地陰陽消息得其平泰者平也泰平三之爻是乾命卦謙之爻此端木氏襲虞

翻謙卦辭謙亨注上文惟端木氏喜以巧立名目使人墜入歧路惟在泰卦䷊泰泰上畫䷒臨

已明明指人以其說之由因兩卦三爻互易即成為䷀䷁坤此種解易初受虞翻之毒更自作聰

明而為之。此謬所謂執迷不悟者是。　先子對端木氏亦推重之在乾卦文言夫大人者與天地

合其德一節云。見周易解卷一。

端木氏圖瑚曰易中凡言先後皆以先天後天為義斯言也發前人所未言易之大義一言包括盡之矣又曰先天後天六十四卦一往一來不窮謂之通此之謂易斯言也又非通解云。

先子於端木之易褒之貶之如是則其書不可廢可以肯定周易指數百萬言淵博可知擇其善者從之可也至端木氏之易其源實出於漢且以虞翻為崇惟頭巾氣過重一心欲從祀孔廟不得不依附宋人之說其私衷如此至注否剝豐升上六爻辭及小象無啟發語故不贊。

沈善登需時昳言補遺一卷僅五十六頁出消息二字者計八十有七惟不知消息係橫圖之用致力雖勤而言無中此如奕者釋棋爾以上舉世上通行本治易者感視為名貴易說者僅言其大意。

消息二字用於橫圖實无可置議恐世人猶惑之乃立六十四卦消息表于後至周易爻變與消息異途見下第十六章卦變正誤惟消息重在位須逢陽爻消陰爻息爻變亦重在位不過无陽消陰息之別漢人以十二辟卦言消息簡爽虞翻奉之至今治漢學者仍之而其說仍在若明若昧之中未能推出真理今不厭繁瑣一一立表以明之至重卦之說言人人殊而橫圖之重卦更无人道及吾以伏羲爻一陽一陰之卦畫因而重之是也且提出一證淮南子要畧訓云

今易之乾坤足以窮道通意也然而伏羲為六十四雙周室增以六爻。

劉安此說足證橫圖之六十四卦為伏羲所重可无疑義。

橫圖六十四卦為消息之本原不可分割茲分八組以便讀者研析。

四、橫圖六十四卦消息表

錯	坤	剝	比	觀	豫	晉	萃	否
世 位	乾	夬	大有	大壯	小畜	需	大畜	泰
上世 1	消 坤	消 剝	息 比	消 觀	息 豫	息 晉	消 大需	息 泰
五世 2	消 剝	消 坤	觀	息 比	消 豫	消 晉	否	息 否
四世 4	消 觀	比	坤	消 剝	息 否	息 萃	息 晉	息 萃
三世 8	否	消 剝	消 觀	坤	豫	息 晉	息 豫	息 豫
二世 16	消 遁	消 萃	消 晉	消 豫	觀	比	消 觀	消 坤
一世 32	消 姤	消 大過	消 咸	消 旅	消 小過	斬	消 觀	消 謙
	乾八純卦。	夬坤五世卦。	大有乾歸魂偶乾二位或上或下視消息而定。	大壯坤四世卦。	小畜巽一世卦。	需坤游魂偶泰二位凡游魂在三世。	大畜艮二世卦。	泰坤三世卦。

上世消息為本卦之錯。數位時將本卦退一位，一世退二位。

易學經典文庫

止圖是演圖太陽乾宮八卦之位其錯為周易之序者有乾坤有泰否乾與坤二宮相對故

位相同而錯亦同上世即錯自三世以上皆為坤此乃消息之作用。

凡八宮一世至三世八個卦或消或息視一畫則消一畫則息而定四世各卦皆四個消四

個息五世則每兩卦消每兩卦息上世則一消一息相間宮宮如是皆有條不紊下七宮周此推。

遯臨	咸損	旅節	小過中孚	漸歸妹	蹇睽	艮兌	謙履
息 遯	消 咸	息 旅	消 小過	息 漸	消 蹇	息 艮	消 謙
息 咸	息 損	消 小過	消 漸	息 蹇	息 睽	消 艮	消 艮
息 小過	息 咸	息 咸	息 漸	息 蹇	息 漸	消 艮	消 漸
息 謙	息 旅	息 咸	息 謙	息 小過	消 艮	消 蹇	息 蹇
息 小過	息 旅	息 咸	息 小過	息 小過	息 旅	息 咸	息 遯
消 謙	消 艮	消 蹇	消 漸	消 漸	消 旅	息 萃	消 否
消 坤	消 剝	消 比	消 觀	消 豫	消 晉	消 萃	消 否
消 師	消 蒙	消 坎	消 渙	消 解	消 未濟	消 困	消 訟
臨坤二世卦。	損艮三世卦。	節坎一世卦。	中孚艮游魂隔損二位。	歸妹兌歸魂隔兌二位。	睽艮四世卦。	兌八純卦。	履艮五世卦。

此橫圖太陽兌宮之位其錯為周易之序者有漸歸妹有中孚小過兌與艮兩宮相對故世位

相同而上世即錯自三世以上皆為艮此乃消息之作用。

此橫圖少陰離宮八卦之位。其錯為周易之序者有離坎有既濟未濟離與坎兩宮相對。

故世位相同而上世即錯。自三世以上皆為坎此乃消息之作用。

訟 ䷅	困 ䷮	未濟 ䷿	解 ䷧	渙 ䷺	坎 ䷜	革 ䷰	同人 ䷌
息 訟	消 困	息 未濟	消 解	息 渙	消 坎	息 蒙	消 師
息 訟	息 困	消 未濟	消 渙	息 渙	息 坎	消 師	消 蒙
困 息	訟 息	解 息	息 未濟	坎 息	渙 息	師 息	蒙 息
解 息	息 未濟	困 息	息 訟	家 息	坎 息	渙 息	師 息
師 消	師 消	坎 消	解 消	家 消	坎 消	訟 消	訟 消
師 息	蒙 息	坎 息	渙 息	解 息	困 息	比 息	比 息
升 消	蠱 消	井 消	巽 消	恒 消	鼎 消	大過 消	泰 消
謙	艮	蹇	漸	小過	旅	咸	遯
明夷坎游魂隔既濟一位。	賁艮一世卦。	既濟坎三世卦。	家人巽二世卦。	豐坎五世卦。	離八純卦。	革坎四世卦。	同人離歸魂隔離二位。

姤	大過	鼎	恒	巽	井	蠱	升
復	頤	屯	益	震	噬嗑	隨	无妄
息 姤	消 大過	息 屯	消 恒	息 震	消 井	息 蠱	消 升
息 大過	息 鼎	消 恒	息 鼎	息 升	息 巽	消 升	消 蠱
息 恒	息 蠱	息 大過	息 姤	息 恒	息 蠱	消 井	息 巽
息 升	息 井	息 姤	息 升	息 鼎	息 大過	息 大過	息 姤
消 師	消 蒙	消 坎	消 渙	消 解	消 未濟	消 困	消 訟
消 坤	消 剝	消 比	消 觀	消 豫	消 晉	消 萃	消 否
復坤一世卦。	頤巽游魂隔益二位。	屯坎二世卦。	益巽三世卦。	震八純卦。	噬嗑巽五世卦。	隨震歸魂隔震二位。	无妄巽四世卦。

此橫圖少陰震宮八卦之位，其錯為周易之序者，有蠱隨，有頤大過，震與巽兩宮相對，故世位相同，而上世即錯，自三世以上皆為巽，此乃消息之作用。

无妄 升	隨 蠱	噬嗑 井	震 巽	益 恒	屯 鼎	頤 大過	復 姤

（以下為卦象橫圖，各列消息卦序）

无妄 升	隨 蠱	噬嗑 井	震 巽	益 恒	屯 鼎	頤 大過	復 姤
息无妄	消隨	息噬嗑	消震	息益	消屯	息頤	消復
息无妄	息无妄	消噬嗑	消噬嗑	息益	息屯	消頤	消頤
息隨	息噬嗑	消震	息元妄	消屯	消復	消復	消益
消震	消隨	消屯	息益	消頤	消屯	消屯	消益无妄
消復	消頤	消屯	消益	消頤噬嗑	消隨	消隨	消无妄同人
息明夷	消賁	消既濟	消家人	消豐	消革	消離	消同人
息泰	息大畜	息需	息小畜	息大壯	息大有	息夬	息乾
升震四世卦。	蠱巽歸魂隔巽二位。	井震五世卦。	巽八純卦。	恒震三世卦。	鼎離二世卦。	大過震游魂隔恒二位。	姤乾一世卦。

此橫圖少陽巽宮八卦之位其錯在周易之序者有大過頤
大過倒頤。震宮頤有蠱隨。蠱倒。巽與震兩
宮相對。故世位相同。而上世即錯。交叉顛倒讀之錯亦同升无妄錯蠱隨自錯井噬嗑錯巽震
錯恒益錯鼎屯錯頤大過自錯姤復錯凡自錯四卦。與周易序同自三世以上皆為震此乃消
息之作用。

訟明夷 ䷅	賁困 ䷙	既濟未濟 ䷾	家人解 ䷤	豐渙 ䷶	離坎 ䷝	革蒙 ䷰	同人師 ䷌
消明夷	息賁	息既濟	消家人	消豐	息離	消革	息同人
賁消明夷	消明夷	息既濟	息既濟	雒消	息離消	息同人	息革
賁消家人	消既濟	消	息同人	息豐	息草	息豐	息革
息同人	消既濟	息賁	息明夷	息豐	息既濟	息離	息豐息明夷
息同人	草消	離消	息豐	息家人	息	離息	息賁
消无妄	隨息	喹嗑	息震	消益	消屯	頤息	消復息
復	兌	睽	歸妹	中孚	益	損	臨
訟離游魂隔未濟二位。	困兌一世卦。	未濟離三世卦。	解震二世卦。	渙離五世卦。	坎八純卦。	蒙離四世卦。	師坎歸魂隔坎二位。

此橫圖少陽坎宮八卦之位。其錯在周易之序者有坎離。坎離宮離倒有未濟既濟。未濟倒離宮既濟。坎與離兩宮相對。故世位相同。而上世即錯爻錯顛倒讀之亦同。師同人錯蒙革錯坎離自錯渙豐錯解家人錯未濟既濟自錯困賁錯訟明夷錯。凡自錯各卦與周易序同自三世以上皆為離。此乃消息之作用。

此橫圖太陰艮宮八卦之位。其錯在周易之序者有小過中孚小過倒。有漸歸妹。妹漸倒讀之亦同。與兌兩宮相對，故世位同而中孚上世即錯，交叉顛倒讀之亦同。謙履錯，艮兌錯，震巽睽錯，歸妹漸錯，小過中孚自錯，旅節錯，咸損錯，遯臨錯，凡自錯四卦與周易序同。自三世以上皆為兌。此乃消息之作。

履 謙	兌 艮	睽 震	歸妹 漸	中孚 小過	節 旅	損 咸	臨 遯
消	消 兌	息	消 歸妹	息 中孚	消	息	消 臨
息 履	息	息 睽	消	中孚	節	損 消	損
息 歸妹	息 兌	履 息	息	息 節	息 中孚	臨 消	消 中孚
息 歸妹	睽 息	兌	履	臨	損 消	節	損 消 節
臨 消	消 損	消 節 息	消 中孚	消 歸妹	消 睽	消 兌	履 消
臨 息 泰	損 息 大畜	節 息 需	中孚 息 小畜	歸妹 息 大壯	睽 息 大有	兌 息 夬	乾 息 同人
息 明夷	息 賁	息 既濟	息 家人	息 豐	息 離	息 革	息
謙兌五世卦。	艮八純卦。	震兌四世卦。	漸艮歸魂隔艮二位。	小過兌游魂隔咸二位。	旅離一世卦。	咸兌三世卦。	遯乾二世卦。

乾 坤	夬 剝	大有 比	大壯 觀	小畜 晉	需 晉	大畜 萃	泰 否
息 乾	消 夬	息 大有	消 大壯	息 小畜	消 需	息 大畜	消 泰
息	息	消 大有	消 大壯	息	息 需	消	消 大畜
夬 息	乾	大壯	大有	乾	大畜	泰	小畜
大壯 息	大有 息	夬 息	息 乾	泰	大畜 息	需	乾 息
泰 息	需 息	息	小畜 息	大壯 息	大有 息	夬 息	息
臨 息	損 息	節 息	息 中孚	歸妹 息	睽 息	兌 息	履 元妄
復	頤	屯	益	震	噬嗑	隨	
坤 八純卦	剝乾 五世卦	比坤歸魂 隔坤二位	觀乾 四世卦	豫震 一世卦	晉乾游魂 隔否二位	萃兌 二世卦	否乾 三世卦

此橫圖太陰坤宮八卦之位其錯在周易之序者有坤乾坤倒乾有否泰乾裝坤與乾兩宮相對。

故世位相同而上世即錯交叉顛倒讀之亦同坤乾錯夬自錯比大有錯觀大壯錯豫小畜錯。

晉需錯萃大畜錯否泰自錯凡自錯四卦與周易序同自三世以上皆為乾此乃消息之作用。

265

消息雖以八卦宮次為準而六十四卦皆互相連繫不可舉一而棄七。

如乾一　坤　艮　巽
　　　三世消　艮
　　　二世消　坤
　　　一世消　坎

兌二　艮　巽　坎
　　三世息　坤
　　二世消　巽
　　一世消　艮

離三　巽　坎　坤
　　三世消　坎
　　二世息　艮
　　一世消　坤

震四　巽　坎　坤
　　三世息　巽
　　二世息　坎
　　一世消　坤

乾坤相對　坤八　乾　兌　震
　　　　三世息　兌
　　　　二世息　乾
　　　　一世息　震

兌艮相對　兌七　離　震　兌
　　　　三世消　震
　　　　二世息　離
　　　　一世息　兌

離坎相對　坎六　震　離　乾
　　　　三世息　離
　　　　二世消　乾
　　　　一世息

震巽相對　巽五　震　離　乾
　　　　三世消
　　　　二世消
　　　　一世息

八卦之範圍是有一定之例。如漢代治易者創為家説。如十二辟卦等之説。則扞格難通要肯定

在乾宮一世消則八個皆為巽二世消則八個皆為艮三世消則八個皆為坤凡卦皆然如上挨排

自明故不贅。

至世在六十四卦中每宮皆四個息其挨排之法乾至大壯四卦用消即倒數坤宮之觀比剝坤。小

畜至泰四卦用息即倒數坤宮之否萃晉豫餘卦可類推故亦不贅。

至五世在六十四卦中每宮為消消息息四卦或消消息息四卦其挨排在乾宮消消為剝坤息

為觀比又消消息息為晉豫即是與四世互易。餘卦可類推。

至上世消息相間即一陰一陽之謂道或以為乾是陽今橫圖以乾為首乃是一陽一陰。未免冠履

倒置是説也為治易者之大錯而特錯之點。凡天下之理是孤陽不生獨陰不長上文難舉出一陰

一陽之謂道然未加以分析辯證因治學有步驟若不明消息與然解釋此句恐學者不能明瞭因

橫圖由六十四卦一消一息遞變而成錯成消息在上世始符一陰一陽之數今消乾為坤是坤代

乾居首晉皇甫謐有歸藏首坤之説此實誤會之原因今以乾坤兩宮觀之乾消為坤坤息為乾則

坤息可代乾即如禮記所引之坤乾二字在學術上似不能成立若以消息徵之則乾坤之説即坤

息而為乾者是自漢至今解此者未能一一挨排以為坤乾為歸藏首坤而依附之其説則非又以

三統術附會連山首民此實无稽之談至禮運之運字說文許解運逶逶從也許氏又釋逶云逶從也。

後人以逶為移其實皆多字之孳乳運廣雅釋詁四轉也從說文步行也轉義可通卦之一消一息。

亦即是運。

治易而不明消息即不能知三易之大別消息二字已成為口頭一個名詞如好消息惡消息之類。

則由來已久但消息有一定之理用消不能息用息不能消消息在周易文辭小象及象爻之於

周易已非要素若能體會消息能辨明消息演周易時可肯定十六卦則用消息餘四十八卦則重

在六字惟以六為綜耳另有定理詳見下文周易第十一章年過學術荒蕪恐有舉甲失乙之處。

願時彥匡正之。

　　　男　延國初校

　　　　弟子　汪成孚　校

　　　　　　　施則明　刊

書名：三易新論（上）
系列：易學經典文庫
原著：沈瓞民
主編・責任編輯：陳劍聰

出版：心一堂有限公司
通訊地址：香港九龍旺角彌敦道六一〇號荷李活商業中心十八樓〇五一〇六室
深港讀者服務中心：中國深圳市羅湖區立新路六號羅湖商業大廈負一層〇〇八室
電話號碼：(852) 67150840
網址：publish.sunyata.cc
淘宝店地址：https://shop210782774.taobao.com
微店地址：　　https://weidian.com/s/1212826297
臉書：　　　　https://www.facebook.com/sunyatabook
讀者論壇：　　http://bbs.sunyata.cc

香港發行：香港聯合書刊物流有限公司
地址：香港新界大埔汀麗路36號中華商務印刷大廈3樓
電話號碼：(852) 2150-2100
傳真號碼：(852) 2407-3062
電郵：info@suplogistics.com.hk

台灣發行：秀威資訊科技股份有限公司
地址：台灣台北市內湖區瑞光路七十六巷六十五號一樓
電話號碼：+886-2-2796-3638
傳真號碼：+886-2-2796-1377
網絡書店：www.bodbooks.com.tw
心一堂台灣國家書店讀者服務中心：
地址：台灣台北市中山區松江路二〇九號1樓
電話號碼：+886-2-2518-0207
傳真號碼：+886-2-2518-0778
網址：http://www.govbooks.com.tw

中國大陸發行　零售：深圳心一堂文化傳播有限公司
深圳地址：深圳市羅湖區立新路六號羅湖商業大廈負一層008室
電話號碼：(86)0755-82224934

版次：二零一八年二月

裝訂：上中下三冊不分售

定價：　港幣　　　六百八十元正
　　　　新台幣　　二千六百八十元正

國際書號 ISBN 978-988-8317-23-3

心一堂微店二維碼　　心一堂淘寶店二維碼